El misterio de la obligación mayoritaria

Philippe Urfalino
El misterio de la obligación mayoritaria
Un ejercicio de filosofía política normativa

Prólogo y traducción de
Francisco Manuel Carballo Rodríguez

DOBLE J
EFIALTES
2018

Colección Efialtes

La colección Efialtes –demócrata ateniense asesinado por los oligarcas– publica textos científicos capaces de atravesar las barreras académicas. Sus objetivos son popularizar problemas clásicos de la democracia, con especial atención a los que nos legó la democracia antigua: los dilemas entre sorteo y elección, cómo organizar la rendición de cuentas, cuándo y de qué manera promover la rotación. La colección publicará tanto autores clásicos como contemporáneos.

Consejo Editorial

José Luis Bellón Aguilera, Universidad de Brno
Francisco Manuel Carballo Rodríguez, Universidad de Cádiz
Jorge Costa Delgado, investigador/Filolab-UGR
Oliver Dowlen, Research Group on Democratic Procedures (PROCEDEM), Sciences Po
Juan José Gómez Gutiérrez, Universidad del País Vasco
Liliane López-Rabatel, Institut de recherche pour l'architecture antique – CNRS-Lyon 2
José Luis Moreno Pestaña, Universidad de Granada
Francisco Javier Moreno Gálvez, Universidad Carlos III de Madrid
Adriana Razquin Mangado, investigadora social
Yves Sintomer, Institut Universitaire de France
Arnault Skornicki, Institut des Sciences Sociales du Politique, Université Paris Ouest, Nanterre-La Défense
Francisco Vázquez García, Universidad de Cádiz

Obra editada con la colaboración del grupo de investigación: HUM536 "El problema de la alteridad en el mundo actual" de la Universidad de Cádiz.

Imagen de portada: kleroterion en el Museo del Ágora de Atenas
© del prólogo y la traducción: Francisco Manuel Carballo Rodríguez, 2018
© de la colección Efialtes: Asociación Efialtes, 2018

Edita: Editorial Doble J
Avda. Cádiz 4, 1º C
41004 Sevilla, España
ISBN: 978-84-96875-70-8
www.editorialdoblej.com

Índice

Prólogo
Francisco Manuel Carballo Rodríguez. i
Introducción 3
   La naturaleza de la regla de mayoría 6
   Las condiciones de la obligación mayoritaria 10
1. Contar y pesar. 15
   Ni *sanior pars* ni *maior pars* 16
   La mayoría no puede tocar aquello que la une a la minoría 22
2. El lugar de la equidad 29
   ¿Qué preferencias satisfacer?. 32
   El peso respectivo de los participantes. 35
3. En el nombre del todo. 41
   El modelo de la petición y el cuerpo deliberante 42
   Pluralidad, totalidad y unidad 47
4. La reiteración de decisiones. 55
   Una asamblea de iguales. 55
   Relación de fuerzas numérica u obligación de la mayoría 59
   La potencia racional de los contrarios 64
Conclusión. 69
Anexo 71
Referencias bibliográficas 73

Prólogo
Francisco Manuel Carballo Rodríguez

La reflexión sobre la regla de mayoría que nos propone Philippe Urfalino en este breve ensayo[1], se concentra en aclarar las condiciones en las que la utilización de esta regla de decisión sirve mejor que otros procedimientos para justificar la obligación que produce una decisión colectiva. Este libro, por tanto, pese a estar íntegramente dedicado al estudio de la regla de mayoría, no se concentra en examinar las propiedades de dicho procedimiento, sino más bien en analizar las situaciones en las que esta regla de decisión será mejor y más deseable que otras. Para ello, Philippe Urfalino moviliza un amplio repertorio de casos

---

[1] El texto es la traducción del artículo «Les conditions de l'obligation majoritaire: Règle de majorité et corps délibérant», publicado en la revista *Raisons politiques*, 53(1), 2014, pp. 139-169. La versión francesa del texto fue ampliada por el autor para esta edición en español. El mismo autor también ha revisado la traducción en español. La traducción y el prólogo se han hecho en el marco del Proyecto de I+D: La recepción de la filosofía grecorromana en la Filosofía y las Ciencias Humanas en Francia y en España desde 1980 a la actualidad (FFI2014-53792-R).

empíricos, en su mayoría recuperados de la literatura disponible y, en ocasiones, enriquecidos con su propia experiencia de investigación. Este modo de proceder implica, además, una constante aclaración conceptual que, articulada con el análisis empírico, da como resultado un ejercicio de filosofía política normativa.

Esta presentación se propone guiar al lector en la reflexión de nuestro autor, ampliando el alcance de sus aportaciones más allá de este ensayo, considerando que este se inserta en una obra a la que la publicación en español de *El misterio de la obligación mayoritaria* ayuda a complementar. En la compilación de textos publicada con el título *Cerrar la deliberación*[2], Urfalino (2013) nos propone una teoría de la decisión colectiva que se sustenta en cuatro principios. En primer lugar, que la decisión colectiva y la deliberación están necesariamente articuladas, aún siendo dos actividades diferentes. En segundo lugar, que la decisión colectiva es un fenómeno normativo. Dicho de otro modo: la decisión obliga. En tercer lugar, que los grupos fijan sus intenciones de actuar en un cierto sentido utilizando determinados mecanismos de cierre. La decisión colectiva, por tanto, exige la existencia de una regla de estas características. En cuarto lugar, por último, que tanto la deliberación como la decisión son las actividades de un colectivo que no puede reducirse a la agregación de sus miembros. Conviene retener los anteriores principios a lo largo de la lectura, pues nos orientarán en la argumentación del autor cuando exponga las condiciones esperables de una decisión tomada por mayoría que merezca producir la obligación de ser respetada. Veamos cuáles son dichas condiciones.

---

2 Philippe Urfalino (2013), *Cerrar la deliberación. Teoría de la decisión colectiva*, Buenos Aires, Prometeo Libros (Traducción de Rocío Annunziata).

Prólogo

La primera condición establece que la decisión adoptada mediante la regla de mayoría no puede cuestionar aquello que une la mayoría a la minoría. Esta primera condición se desprende del análisis de un caso en el que la decisión adoptada cuestiona la naturaleza de la institución en nombre de la cual se toma la decisión. Concretamente, Urfalino recurre a un episodio narrado por Ernst Kantorowicz en el que el conocido medievalista dirige una crítica a una decisión mayoritaria, juzgándola no solo injusta, sino también ilegítima. El acontecimiento descrito por Kantorowicz es el de la decisión tomada por mayoría en un órgano de gobierno de la Universidad de Berkeley que determinaba la obligación de los profesores de jurar no ser comunistas, teniendo como castigo, en caso de negarse a hacerlo, el despido y, como consecuencia, la expulsión de la Universidad. Kantorowicz tenía razón, estima Urfalino, al juzgar la decisión ilegítima, puesto que esta modifica la naturaleza de la institución en el nombre de la que se toma la decisión y a la que pertenecen tanto la mayoría como la minoría que conforman el órgano que decide. Efectivamente, al introducir un rasgo de carácter ideológico –ser comunista– entre los criterios a partir de los cuáles la institución puede valorar a sus miembros, los participantes en la decisión estaban alterando la naturaleza de la institución y, por lo tanto, la decisión no debería aplicarse. En este caso, el vínculo que la decisión mayoritaria no puede tocar es la norma establecida por la Universidad para juzgar el desempeño de sus profesores. La definición de dicha norma es un elemento que constituye a la institución misma y que la mayoría no puede modificar sin contar con la minoría.

La segunda condición determina que la decisión adoptada por mayoría debe ser la decisión de un colectivo. Esta condición plantea una salida a la crítica más frecuente a la que se enfrenta la aplicación de la regla de mayoría, la referida a la presencia de minorías estables que consideran las decisiones mayoritarias como tiránicas. En este punto es preciso recuperar la idea ya avanzada sobre el modo de proceder del autor, en relación a la atención que presta a las situaciones concretas en las que esta regla de decisión es aplicada. En este caso, se apoyará en una descripción ofrecida por Lani Guinier en la que se muestra cómo una mayoría se impone sistemáticamente a una minoría estable. El episodio servirá para que nuestro autor nos aclare en qué medida, aquello que denomina «la decisión de un colectivo» se distingue de otras formas de decisión colectiva. El ejemplo utilizado hace referencia al modo de seleccionar la música que se escuchará en la fiesta de fin de curso de un instituto en Chicago. El método propuesto a los alumnos, para determinar dicha selección musical, consistía en que cada uno de ellos debía votar por sus tres canciones favoritas. Al final del proceso, las canciones que apareciesen un mayor número de veces serían las seleccionadas. El problema aparece al constatar que en el instituto los alumnos blancos son mayoría y los negros son una minoría. Estos últimos, al sentirse excluidos del proceso de decisión – puesto que sus canciones no fueron las elegidas– decidieron organizar su propia fiesta. En el análisis de este caso, Philippe Urfalino comparte el juicio de la autora y el de los alumnos negros que se encuentran en minoría: el recurso a la regla de mayoría es injusto. Y lo es, porque la regla de mayoría no es un buen método de distribución equitativa o, en todo caso, es peor que otros como un sistema de rotación o de sorteo ponderado por el voto. A la cuestión de determinar con mayor precisión qué podemos entender por decisión colectiva, en aquellas situaciones empíricamente observables, Urfalino ha dedicado un capítulo en su obra ya citada disponible en español de 2013. Así, nos propone una triple caracterización de situaciones que podemos encontrar en la realidad. Estas son: el reparto equitativo, la negociación y la decisión de los colectivos. Las tres situaciones aparecen caracterizadas en función de los fines que persiguen, las actividades que desarrollan y, por último, el tipo y el número de agentes implicados en la actividad. Con esta operación, Urfalino establece dos diferencias fundamentales en estos tres tipos de situaciones: la primera, que tanto en la negociación como en el reparto equitativo, los agentes que llevan a cabo la acción son varios individuos y no forzosamente un colectivo. La segunda, que únicamente en el caso de la decisión de un colectivo se aplican reglas de cierre precisas.

Las dos primeras condiciones vistas hasta ahora, recordemos, establecen que la decisión adoptada mediante la regla de mayoría no puede cuestionar aquello que une la mayoría a la minoría y que la decisión adoptada por mayoría debe ser la decisión de un colectivo. La tercera y última de las condiciones determina que las preferencias manifestadas en la decisión sean el resultado de la deliberación, entendiendo esta última como el proceso que resulta de un razonamiento práctico que considera los fines perseguidos por la entidad colectiva. Esta última condición es tal vez la más exigente y puede que la más difícil de observar en la realidad. También es en la que se condensan los principios más sólidos y originales de la teoría sobre la deliberación propuesta por el autor: el primero, relativo a la articulación de la decisión colectiva y la deliberación, y el segundo, por el que ambas son consideradas las actividades de un colectivo que no puede reducirse a la agregación de sus miembros. La potencia normativa de la regla de mayoría se desprende de constatar que la minoría podría no haber sido tal y, por tanto, es aceptable en la medida en que dicha minoría hubiese podido ser mayoritaria. También, cabría añadir, es aceptable siempre que sea esperable que en algún momento lo sea.

Para concluir, conviene advertir que el libro considera la utilización de la regla de mayoría en diversos contextos —no necesariamente democráticos— y analiza su función en tanto que regla de decisión y no como procedimiento de selección de cargos. El lector juzgará en qué medida los instrumentos que nos proporciona Philippe Urfalino en esta obra son útiles para pensar en problemas actuales sobre cómo tomamos determinadas decisiones políticas.

Francisco Manuel Carballo Rodríguez
Cádiz, diciembre de 2018

El misterio de la obligación mayoritaria
Un ejercicio de filosofía política normativa

Philippe Urfalino

> Justamente cuando existe o se supone una unidad supraindividual, es posible la decisión por mayorías.
> *Georg Simmel* (1986 [1908]: 215)

> Un veredicto definitivo, cualquiera que este sea, siempre que se conciba como un veredicto, no estará completamente aislado de todo aquello que le precede. Lo que la vida social de una comunidad asume es una decisión, pero también las argumentaciones que la preceden.
> *Chaïm Perelman, Lucie Olbrechts-Tyteca* (1992: 77)

Introducción

¿Qué razones justifican el uso de la regla de mayoría? ¿Por qué estaríamos obligados a acatar el resultado de un decisión mayoritaria? ¿Cuáles son las condiciones para que la obligación mayoritaria sea o no válida? Estas preguntas han sido y siguen siendo, en gran medida, ignoradas por la filosofía y la ciencia política, a pesar de que el recurso a la regla de mayoría es antiguo y prácticamente universal.

El alcance de la generalización de la regla de mayoría en las decisiones colectivas, de todo tipo y en numerosas sociedades, así como el valor central que conceden a su utilización las democracias en la toma de decisiones, me han parecido razones lo suficientemente importantes como para dedicar una reflexión específica a esta regla de decisión. Sin embargo, el estado de los trabajos sobre esta cuestión, tanto en ciencia política como en filosofía política, aconseja hacer de este ensayo una invitación al desarrollo de nuevas investigaciones, teniendo en cuenta que la literatura sobre la regla de mayoría, en las ciencias sociales y la filosofía política, se encuentra dispersa y dista de haber logrado la masa crítica suficiente que sería deseable para hacer avanzar el conocimiento en esta cuestión[1].

¿Qué entendemos exactamente por regla de mayoría? El término mismo de *mayoría* conviene ser precisado. En un primer momento se impuso un significado amplio: si los asuntos comunes a los miembros de un grupo se deciden votando y contando el número de votos, entonces gana la opción que obtenga el mayor número. En este caso, la diferencia en los resultados no precisa mayor atención, salvo en aquellas situaciones en que dos opciones reciban un número de apoyos casi igual. En tal supuesto, bastaría con que la diferencia no fuese cuestionable. Tampoco es necesario precisar el número de opciones competidoras. En francés, esta primera acepción se corresponde con el término «pluralidad de voces», utilizado por Borda y Condorcet. Cabe recordar que en el siglo XIX el término mayoría es considerado aún un anglicismo en el diccionario de Émile Littré y también en otros. En cambio, el uso contemporáneo de «mayoría» es más preciso, más aritmético: la regla del mismo nombre establece que prevalece la opción que recabe al menos el 50% más uno de los votos. Su utilización está a menudo asociada a una variedad de situaciones más limitada: cuando se trata de elegir únicamente entre dos opciones. Está limitación es ventajosa puesto que las

---

[1] La obra colectiva de Stéphanie Novak y Jon Elster (2014) y el libro de Melissa Schwartzberg (2013) sobre la mayoría cualificada, tal vez anuncien un renovado interés. En la literatura francesa disponible, el trabajo de Pierre Favre (1976) ha sido durante mucho tiempo el único destacable. Sin embargo, cabe apreciar indicios de un nuevo interés, con el reciente e importante libro de Didier Mineur (2017), que desafortunadamente no he podido tener en cuenta para este trabajo, y también en historia, con los trabajos de Olivier Christin (2014).

propiedades matemáticas de la regla varían sustancialmente en función del número de opciones disponibles: a partir de tres, la distribución de votos puede hacer aparecer lo que descubrió Condorcet y más tarde, e independientemente de él, también Lewis Carrol: las mayorías cíclicas. Lo cual nos conduce a una indeterminación del resultado.

Por otra parte, podría decirse que la regla de mayoría no se aplica siempre en su estado puro. A menudo aparece como un elemento más, en un procedimiento de decisión en el que se combinan varias reglas. Por ejemplo, la elección del presidente de la República en Francia se lleva a cabo mediante la aplicación estricta de la regla de mayoría en una segunda vuelta, a la que acceden los dos candidatos seleccionados mediante una primera votación en la que tuvieron que reunir más votos que el resto de candidatos presentes en la competición electoral. En un procedimiento más complejo, la contratación de profesores en la Escuela de Altos Estudios en Ciencias Sociales también se lleva a cabo mediante el principio de mayoría, puesto que, para ser elegido, el candidato debe obtener el apoyo de, al menos, el 50% más uno de los votos del conjunto de los profesores presentes en una asamblea general que reúne a miembros pertenecientes a todas las disciplinas de las ciencias sociales. Aunque cada elector vota, al mismo tiempo, para cada plaza vacante. De manera que si hay cinco plazas, seleccionará cinco nombres de la lista de candidatos en una primera votación, a continuación, dicha lista se irá reduciendo, permaneciendo en ella los candidatos que reciban más apoyos en cada votación. Resulta obvio decir que cuando la regla de mayoría se combina con otros procedimientos, esta no presenta siempre las mismas propiedades y no precisa las mismas justificaciones que cuando se utiliza sola. Las reflexiones que contiene este trabajo tienen como objeto la regla de mayoría en su sentido más preciso, más restringido y puro.

La naturaleza de la regla de mayoría

Una vez hechas estas precisiones, todavía no sabemos qué es la *regla* de mayoría. Para explicar su éxito, a menudo se destacan algunas de sus propiedades matemáticas. Veamos tres de ellas: es la única regla que, cuando se trata de elegir entre dos opciones mediante votación, asegura, al mismo tiempo, la igual influencia de cada voto y no privilegia a ninguna de dichas opciones. Por otra parte, permite elegir, en todos los casos, entre una de las dos siempre que el número de votantes sea impar[2]. En contraposición, la utilización de una regla de mayoría cualificada no concede la misma influencia a cada voto (por ejemplo, para una mayoría de dos tercios, el 33% más uno de los votantes pueden impedir que sea elegida la opción preferida por el 66% del total), con lo cual se favorece a la opción que corresponde al *statu quo*. Por último, tampoco asegura la elección de una de las opciones (en el ejemplo anterior de los dos tercios, bastará para ello que ninguna de las dos posibilidades obtenga el 66% más uno de los votos).

Estas propiedades matemáticas merecen consideración, pero no deben evitar que nos interroguemos por la naturaleza de esta regla. ¿Qué es exactamente la regla de mayoría? La pregunta, y por tanto la respuesta, han estado y están sometidas a una cierta imprecisión conceptual. Esta imprecisión procede

---

[2] Para una demostración de estas propiedades, pueden verse los importantes trabajos de Kenneth O. May (1952) y de Douglas Rae (1969).

Introducción

principalmente de dos fuentes: por una parte, de las dificultades para determinar la relación entre la regla de mayoría y la democracia, y por otra, del uso impreciso de los conceptos de decisión y de elección colectiva.

Podemos considerar, al mismo tiempo, la regla de mayoría como un elemento esencial o secundario de la democracia. Nos parecerá secundario si, por ejemplo, pensamos que esta regla de decisión no es propia de las instituciones políticas ni de la democracia. Del mismo modo que si constatamos la escasez, cuando no la ausencia, de menciones a la regla de mayoría en los textos fundacionales de las democracias modernas y en sus constituciones. Sin duda, las democracias han heredado la regla de mayoría de los regímenes que las precedieron, pero esta recuperación no ha sido sometida a una reflexión sistemática. Desde este punto de vista, la regla de mayoría presenta los rasgos de una técnica o de un procedimiento, atraviesa a distintos regímenes, y se ajusta indistintamente a instituciones diversas: un «medio técnico» para Hannah Arendt (1963: 164), un «sencillo instrumento de procedimiento» para John Rawls (1973: §54, 356) o una «necesidad práctica» para Pierre Rosanvallon (2008: 53)[3]. Sin embargo, para algunas de las teorías más sofisticadas de la democracia, desarrolladas desde el siglo XX[4], la regla de mayoría es un componente esencial del régimen democrático y, por ello, está estrechamente asociada a los valores y a los problemas democráticos: la igualdad, la

---

3 En el caso de Pierre Rosanvallon, esta apreciación es menos clara que en otros autores.
4 Pienso aquí en autores como Hans Kelsen (2004 [1932]), Robert Dahl (1956, 1989) o Adam Przeworski (2010). La regla de mayoría ocupa también un papel central en las reflexiones de Bruce Ackermann (1981) y en las de Jeremy Waldron (1999a, 1999b).

libertad, el autogobierno. Por tanto, ¿debemos considerar que la regla de mayoría no es más que una técnica de las asambleas deliberantes? ¿O que forma parte de los principios normativos de la democracia? La alternativa me parece, de hecho, inaceptable. Si la regla de mayoría no es más que una técnica, lo es en todos los casos, también en un régimen democrático. Por otra parte, si su utilización tiene una dimensión normativa, esta dimensión estará presente en cualquier institución que tome sus decisiones por mayoría, incluyendo los contextos menos democráticos. Examinar los puntos en común de los contextos en los que se recurre a la regla de mayoría, brinda una salida a esta alternativa. ¿Qué componente de la democracia se asemeja a las decisiones colectivas en general? Lo que vincula toda reflexión sobre la democracia a la teoría de la decisión colectiva es la significativa inclusión de aquellos que están obligados en el proceso de formación de la obligación política[5]. Toda decisión colectiva implica un cierto principio de inclusión y la producción de una obligación: los participantes en la decisión reconocerán, al menos, que existe una y solo una decisión, de la cual son responsables colectivamente y que se impone por derecho propio como la decisión del colectivo. Las decisiones de las asambleas o de los comités, en contextos democráticos o no, presentan la misma dualidad: entrañan un problema técnico y un problema normativo.

- Un problema técnico: ¿cómo determinar una elección, en la que se selecciona una opción entre varias (acciones o candidatos), a partir de una pluralidad de opiniones?

---

[5] Robert Dahl (1979) ha mostrado con claridad esta fuerte afinidad entre el proceso de toma de decisión colectiva y el régimen democrático, a pesar de que, en ocasiones, se ha interpretado erróneamente que reducía la democracia a un procedimiento.

- Un problema normativo: ¿cómo lograr que esa elección tenga la condición de una obligación a respetar?

Precisamente es aquí donde el éxito de la teoría de la elección social, desde los trabajos pioneros de Kenneth Arrow y de Duncan Black, así como la tendencia de las ciencias sociales a confundir los conceptos de elección y de decisión, han contribuido a perder de vista la dimensión normativa de las decisiones colectivas. A pesar de que las matemáticas de la elección colectiva hacen referencia únicamente a la dimensión técnica de la decisión colectiva, esta última también requiere un orden normativo, a partir del cual se pueda justificar la obligación de imponer al conjunto la opción elegida[6].

Por lo tanto, la regla de mayoría, como cualquier otra regla de decisión, tiene una naturaleza dual: técnica y normativa. Como técnica, la regla de mayoría se puede evaluar por sus efectos: de tal manera que su «carácter decisivo», es decir, su capacidad para producir sistemáticamente un resultado, es valorado positivamente por los grupos que desean poder tomar decisiones rápidas; otros grupos, por el contrario, la rechazarán porque tiende a enfrentar a una minoría y una mayoría. Como regla normativa, se valorará su capacidad para, por ejemplo, establecer relaciones entre los participantes y su influencia en el resultado, en la medida en que los hace más proclives a aceptar la obligación de respetar la decisión. Como técnica, las reglas de elección colectiva pueden descubrirse o inventarse. Como regla normativa, las reglas de decisión deben ser instituidas.

---

6 La dimensión técnica y la dimensión normativa están, sin duda, estrechamente articuladas. Las propiedades de una regla de decisión, como aquellas que destacan las matemáticas, pueden resultar más o menos apropiadas para los valores que se desea respetar.

Sin embargo, debe reconocerse que los notables avances de las matemáticas de la elección colectiva, orientados por los economistas, son mejor conocidos y están más consolidados que los relativos al estudio de la dimensión normativa de la regla de mayoría, cuyo progreso se debe a los teóricos de la política o del derecho. Pese al escaso interés que ha convocado la reflexión sobre la regla de mayoría a lo largo de la historia de la filosofía política, como constató Jeremy Waldron (1999b: 124), la filosofía y la teoría política del siglo XX, no obstante, muestran avances significativos. Trataré de dar cuenta de los avances más importantes y propondré nuevos argumentos que intenten responder a la siguiente pregunta: ¿en qué puede contribuir la regla de mayoría, mejor o peor que otras reglas o procedimientos, a la justificación de la obligación que resulta de la decisión?

Las condiciones de la obligación mayoritaria

Se abordará, por lo tanto, una cuestión de filosofía política normativa, en el sentido de que se trata de explicitar y evaluar los argumentos, a favor o en contra, de la pertinencia de la regla de mayoría para la mencionada justificación.

En esta investigación se parte del siguiente supuesto: la justificación es una actividad relevante, es decir, que tiene un impacto social real. Lo que significa que no es una simple racionalización de otros fenómenos más determinantes, como los equilibrios de fuerzas o el interés propio. No se debe desechar la hipótesis según la cual, la regla de mayoría es más fácil de aceptar en la medida que proporciona un equilibrio en las expectativas. Incluso es posible que sirva para explicar en parte su éxito: mi opinión no prevalece hoy, pero puedo razonablemente esperar que lo haga más adelante. Sin embargo, tampoco la formulación más sofisticada de esta hipótesis proporciona el monopolio de una explicación a la aceptación de la regla de mayoría (Przeworski, 1999). Se debe admitir que las justificaciones de una regla pueden ser adecuadas, aunque esta se utilice habitualmente de manera rutinaria. Es posible cuestionar el impacto de la justificación de una regla, aunque quienes la utilicen, no reparen en él o lo desconozcan. ¿Cómo pueden reforzar el uso de una regla de decisión aquellos argumentos que no se invocan? La siguiente conjetura proporciona una respuesta. Cuando una regla de decisión está establecida goza de una cierta inercia, por lo que, salvo algún inconveniente claro en su utilización, salvo en caso de disputas entre actores interesados, debidos a algún motivo como, por ejemplo, algún eventual cambio, la regla no se modifica aunque quienes la utilicen no conozcan las razones que justificaron su institución. Pero si surgen dudas sobre su valor, los implicados en el uso de esta regla buscarán las razones que justifiquen su permanencia o su sustitución. El establecimiento y la continuidad de una regla son el producto de una suerte de jurisprudencia donde, de veredicto en veredicto, los argumentos a favor de una práctica han prevalecido a las críticas[7]. En consecuencia, la cuestión de la justificación de las reglas de decisión en general, y de la regla de mayoría en particular, no es una cuestión meramente especulativa y ajena a las prácticas reales de decisión.

De todos los padres fundadores de la sociología, Georg Simmel es el único, al menos que yo conozca, que ha dedicado

---

[7] Esto explica también las dificultades para introducir nuevas reglas, a pesar de las demandas de sus partidarios, mientras que la regla establecida no esté sometida a una crítica fuerte y constante. En este sentido, pueden verse por ejemplo, las desencantadas observaciones de Steven Brams y Peter Fishburn (2005).

algunas páginas al alcance sociológico del valor de la regla de mayoría. Concretamente lo hace en su libro *Sociología*, en una parte en la que se ocupa de la dominación y la subordinación. Su título exacto, «Digresión sobre la sumisión de las minorías a las mayorías», nos proporciona una idea del enfoque de Simmel: ¿por qué la minoría se somete a la decisión mayoritaria, pese a que ningún ideal de unanimidad la fuerce a ello? Si el sometimiento de la minoría no se produce mediante la violencia es porque hay, aclara Simmel (1986 [1908]: 204-205),

> un derecho íntimo que posee la mayoría, más allá de su predominio numérico, más allá del poder externo que el número simboliza. La mayoría aparece entonces como la representante natural de la comunidad y participa de aquel sentido que posee la unidad del todo por encima de la mera suma de individuos, sentido que no carece de cierto tono supraempírico y místico.

La regla de mayoría plantea, según Simmel, la cuestión de la constitución de una totalidad social a partir de los individuos que la componen.

En una revisión reciente del estado de la cuestión sobre la regla de mayoría, Stéphanie Novak (2014) constata que, si bien tanto el conocimiento de sus propiedades matemáticas, así como de sus ventajas y sus inconvenientes han progresado considerablemente, las razones del sometimiento voluntario de la minoría continúan siendo un misterio. La expresión no indica que dicha obligación oculte ningún misterio –como podría entenderse a partir de ciertas expresiones de Simmel, quien a pesar de haber planteado estas preguntas nunca ofreció una respuesta–. Por otra parte, puede que no exista ningún enigma a resolver. Tal vez sea nuestra manera habitual de considerar la decisión colectiva y la regla de mayoría la que confiera un aspecto un tanto misterioso a ese sometimiento de la minoría.

En cualquier caso, este diagnóstico nos invita a retomar las preguntas de Simmel, examinando las condiciones de lo que es preferible llamar la obligación mayoritaria, porque no son solamente las minorías quienes están obligadas, sino que aquellos que han votado con la mayoría también lo están, y pueden ser conscientes de ello en caso de que cambie su opinión, tal y como lo había constatado Hans Kelsen. Pero el cuestionamiento sobre las condiciones de la obligación mayoritaria no es únicamente una interrogación exterior, ya que puede también producirse entre los participantes en una decisión colectiva. Además, orientaré mi reflexión a partir de la observación de un episodio singular de la historia universitaria y política en los Estados Unidos, durante el transcurso del cual, el reconocido medievalista Ernst Kantorowicz tuvo la oportunidad de hacer una crítica argumentada de una decisión mayoritaria. Analizar este episodio, en el que se discute la validez de la obligación mayoritaria, nos ayudará a esclarecer las condiciones en las que esta es posible.

La utilización de la regla de mayoría no se limita a un contexto democrático: puede encontrarse también en una asamblea de aristócratas, en el comité de una institución o en una asamblea política de un régimen no democrático. El único requisito que establece la regla de mayoría es que su aplicación afecte a todos los individuos, de quienes se espera que contribuyan de igual manera a la decisión. Partiendo de esta definición, he evitado considerar su relación con la democracia a pesar de que algunos de los trabajos citados hagan referencia a ella. Si la reflexión sobre la decisión colectiva puede ayudarnos a evidenciar las condiciones generales de la obligación mayoritaria, posteriormente resultará más sencillo examinar las especificidades de su utilización en un contexto democrático.

1. Contar y pesar

En 1950 en la Universidad de Berkeley, el *Board of Regents*[8] impuso por una estrecha mayoría (12 votos contra 10) una decisión que provocó un gran revuelo. Los profesores debían prestar juramento, asegurando, entre otras cosas, que no eran comunistas, y negarse a hacerlo se sancionaría con el despido. Esta decisión colectiva, que debe ser entendida en el contexto de la Guerra fría y la guerra de Corea, nos importa ahora por dos razones:

1) El *Board of Regents* impuso el juramento y logró despedir a treinta y un profesores, firmemente contrarios a ese requerimiento, mediante una mayoría muy escasa, a pesar de que el sentido del voto cambió durante las reuniones previas.

2) Entre los profesores que se opusieron a esta medida y que militaron activamente contra ella, por considerarla contraria a los principios de la Universidad y peligrosa para la democracia, se encontraba Ernst Kantorowicz.

---

[8] El *Board of Regents* es el consejo, compuesto por miembros natos y miembros nombrados por el gobernador y por el Senado de California, que gobernaba y todavía gobierna la Universidad de California.

En un documento en el que analiza detalladamente este caso, Kantorowicz no solamente se opone a la decisión, sino que además explica con profusión que la regla de mayoría, en este caso, no servía para imponer de manera legítima esta decisión. Presentaré, a continuación, los argumentos fundamentales del análisis de Kantorowicz y extraeré algunas lecciones más generales sobre la regla de mayoría.

Ni sanior pars *ni* maior pars

Al comienzo de su texto, Kantorowicz analiza las decisiones del *Board of Regents* movilizando dos conceptos utilizados durante la Edad Media, en concreto en las elecciones en el seno de la Iglesia:

> El derecho canónico medieval desarrolló una curiosa teoría para la evaluación del voto, la de la *maior pars* opuesta a la *sanior pars*. Habitualmente era la mayoría la que debía tomar las decisiones, sin embargo, un grupo minoritario tenía la oportunidad de imponerse ante una decisión absurda si podía probar que, pese a ser minoría, era más sabio (*sanior pars*). En este caso no se contaban los votos, sino que, de algún modo, se «pesaban». Se pesaban en función de la autoridad y el prestigio del votante, de sus facultades intelectuales (*ratio*), de sus cualidades morales (*pietas*), de la pureza de su motivación (*bonus zelus*) y de la equidad en su juicio (*aequitas*).
> Puede decirse mucho contra este principio, pero de haber prevalecido durante la reunión del

consejo de *Regents* de la Universidad de California del 25 de agosto de 1950, el grupo formado por el Gobernador Warren, el Almirante Nimitz y el Presidente Sproul, se habría impuesto sin duda, haciendo valer su condición de grupo más sabio. Sin embargo, como en democracia los votos no se pesan sino que se cuentan, lo cual implica numerosos beneficios, la facción encabezada por el *Regent* John Francis se impuso en el proceso. Treinta y un profesores han sido destituidos por una mayoría de 12 contra 10, revirtiendo la decisión de la mayoría encabezada por el Gobernador Warren, de 10 votos contra 9, obtenidos en el mes de julio. De haber estado presente el Almirante Nimitz en la reunión de agosto, la mayoría hubiese sido de 12 contra 11 (Kantorowicz, 1950: 6).[9]

Sobre la aplicación de estas categorías medievales cabe destacar, en primer lugar, que difícilmente puede entenderse como la coquetería de un erudito, a la vista de la gravedad de un caso que cuestionaba la *tenure*[10], la libertad académica, las carreras y los ingresos de muchos profesores. En segundo lugar,

---

9 Tanto el texto de Kantorowicz, como otros documentos y análisis, se pueden consultar en la página web, creada durante el 50 aniversario de este caso para su estudio en: http://www.lib.berkeley.edu. Puede verse también el análisis de Boureau (1990), a quien debo el descubrimiento de este caso, excepcionalmente documentado, de contestación de una decisión mayoritaria.
10 En inglés en el original. El término no tiene una traducción exacta en español. En este contexto debe entenderse como el conjunto de condiciones, que son propias de los profesores, en su relación laboral y académica con la Universidad, en un puesto indefinido y a tiempo completo. En Estados Unidos, la *tenure* hace referencia al nombramiento académico definitivo tras un periodo transitorio de prueba (N. del T.).

no creo que la decisión de Kantorowicz pueda reducirse a una cuestión de distancia en relación a su tiempo o de nostalgia por la Edad Media, aunque efectivamente haya cierta ironía en sus alusiones a los méritos de ambos métodos de decisión: «Puede decirse mucho contra este principio [de la *sanior pars*] (...) Sin embargo, como en democracia los votos no se pesan sino que se cuentan, lo cual implica numerosos beneficios (...)». De hecho, la referencia a la *sanior pars* funciona como un procedimiento retórico que, en diferentes aspectos, le permite desplegar y organizar los argumentos con los que discute y se enfrenta al grupo mayoritario del *Board of Regents*. Un grupo carente de autoridad, ya que los miembros más notables estaban alineados contra el juramento, el Almirante Nimitz, el Gobernador de California, Warren –futuro *chief Justice* de la Corte suprema–, el Presidente de la Universidad, Sproul; carente de racionalidad, puesto que los *Regents* cercanos a Neylan cayeron en la ingenuidad de creer que se podía luchar contra el comunismo con juramentos poniendo en peligro a la Universidad; y carente de celo o, lo que es lo mismo, cargado de malas intenciones ya que, en todo este asunto, la única motivación era hacer propaganda política irresponsable, etc.

No obstante, invocar la *sanior pars* no es únicamente un recurso retórico ya que, igualmente y de manera implícita, nos plantea una pregunta: ¿puede la simple mayoría numérica imponer de forma legítima una decisión de este tipo? De este modo surge una duda sobre la idea de la validez incondicional de la regla de mayoría. De hecho, además de explicar extensamente hasta qué punto son negativas las razones y las consecuencias de una decisión así, Kantorowicz subraya que el *Board* no podía adoptar una medida de tal calado apoyándose en la mayoría de votos. La política acordada por la más alta instancia de la Universidad de California es pésima, pero además, y esta es la razón por la que este caso nos interesa en este momento, el modo en que se tomaron las decisiones no permite imponer legítimamente dicha política. La argumentación de Kantorowicz se apoya sobre dos hechos. En primer lugar, el consejo de *Regents* está irreductiblemente dividido en dos mitades prácticamente iguales, hasta tal punto que las decisiones adoptadas durante las sucesivas reuniones cambiaban a menudo de sentido en función del número de miembros de cada grupo que estuviesen o no presentes en cada una de ellas. La mayoría que se obtuvo durante la reunión del 25 de agosto, a favor del despido de aquellos profesores contrarios a las medidas, fue muy escasa y bien pudo haber sido otra diferente, tal y como sucedió en anteriores reuniones. En segundo lugar, la evolución de la naturaleza del asunto en cuestión y su transformación se constata en las decisiones tomadas en la última reunión. El grito de guerra, ironiza el historiador, llamaba a purgar a los comunistas de la Universidad, pero el 25 de agosto, la razón para el despido de la treintena de profesores que se negaron a prestar juramento no era más que ser sospechosos de ser comunistas. Uno de los miembros del grupo favorable al juramento así lo muestra: «Si son o no comunistas es ahora una cuestión secundaria» y un miembro del grupo que se opone, expone de un modo más explícito el carácter de la decisión: «La cuestión ahora se centra en la obediencia a las leyes enunciadas por los Regentes». Hechas estas observaciones, el medievalista sentencia, apoyándose en la regla de mayoría, que un grupo dividido no puede hacer de la desobediencia a las reglas que adopta una falta que justifique el despido. A favor de esta tesis presenta dos argumentos. El primero podría resumirse en una pregunta: ¿qué debe respetarse? Una mayoría escasa y cambiante no puede imponer, bajo amenaza de una grave sanción, el respeto de una decisión cuyo contenido parece consistir en exigir la conformidad de opinión de la mitad de sus miembros. El segundo argumento es que la conformidad impuesta a una facción es contradictoria con los ideales académicos de imparcialidad y de libertad en la búsqueda de la verdad que los Regentes dicen compartir.

Ambos argumentos están excesivamente restringidos al cambio, relativo a la naturaleza del caso, que se produjo durante la reunión del 25 de agosto. Pero una vez contextualizados, apuntan a dos argumentos más generales que afectan claramente a los límites y a las condiciones de la obligación que puede generar la regla de mayoría.

El primer argumento, tal y como está formulado, es un tanto oscuro. Hay, sin duda, un cierto desfase entre la división de un grupo decisor, en el que las mayorías fluctúan, y la dureza de la sanción asociada al rechazo de la decisión. Aunque cabe preguntarse si mediante este razonamiento no se propone, pura y simplemente, el rechazo de la regla de mayoría. Si la condición de validez de la regla de decisión es que el resultado de la parte mayoritaria sea suficientemente superior al resultado minoritario, de manera que se garantice la imposibilidad de un cambio y que la decisión se pueda imponer sin reservas, eso significa que la regla de mayoría simple (50 % más uno de los votos) nunca puede ser válida; solamente una mayoría cualificada podría imponer legítimamente su opinión, con mayor facilidad además, al haberse elevado el umbral de cualificación. Sin embargo, Kantorowicz apunta a un verdadero problema que, en el caso del consejo de Regentes, se manifiesta de un modo sorprendente: durante casi dos años, la obligación del juramento fue el objeto de decisiones contradictorias, en función de la presencia o de la ausencia en las reuniones de sus partidarios y adversarios. ¿Qué valor tiene la regla de mayoría, si la minoría de ayer, convertida hoy en mayoría, deshace sistemáticamente la decisión mayoritaria adoptada anteriormente? Me ocuparé del análisis detallado de esta cuestión, que aborda la cuestión de la relación entre la regla de mayoría y la deliberación, al final del libro.

Sin embargo, es posible extraer una primera lección de esta inestabilidad que acabo de evocar. Si nos atenemos a que una regla de decisión debe producir una suerte de obligación de llevar a cabo aquello que se ha decidido y que, esto último, se produzca con un mínimo de estabilidad, podemos considerar entonces que revertir las decisiones tomadas por mayorías cambiantes, en función del único hecho –contingente– de las presencias y las ausencias, es una anomalía. Es posible entonces, que si la minoría de un cierto momento no respeta la decisión mayoritaria, sea porque no se dan las condiciones para que la dimensión normativa de la regla de mayoría sea efectiva. De modo que, la división del comité en dos mitades inflexibles no debería considerarse totalmente como una causa de invalidez de la regla de mayoría, como hace Kantorowicz, sino que más bien debería entenderse como un efecto de la desaparición de las condiciones de validez de su utilización. Si el consejo de Regentes se puede convertir en el escenario que revela la «relación numérica de fuerzas» entre dos grupos implacables en su defensa o rechazo a la exigencia del juramento, es porque la cuestión del juramento pone en entredicho la institución sobre la que el consejo debe tomar decisiones.

El misterio de la obligación mayoritaria

La mayoría no puede tocar aquello
que la une a la minoría

Este es el segundo argumento de Kantorowicz y el tema central de todo su análisis: el requisito del juramento y el despido de sus opositores cuestiona la idea de Universidad porque lamina la *tenure*, esto es, la protección que asegura normalmente la independencia de los profesores. Esta es *The Fundamental Issue*[11]. Pero el vínculo entre esta crítica de fondo −cuyo valor es independiente del sistema de decisión utilizado− y la idea de que una decisión de ese tipo no podría adoptarse mediante la regla de mayoría, solo aparece con claridad cuando se observan los contraejemplos empíricos con los que apoya su crítica:

> También se puede despedir a un profesor por «incompetencia grave», aunque ese no es aquí el problema, o por «comportamiento inmoral». ¿Acaso se nos exige ahora reconocer que el rechazo del Regente Neylan (o bien la conformidad del Gobernador Warren) es un «comportamiento inmoral»? (Kantorowicz, 1950: 7).

El punto en común entre estos dos contraejemplos y el caso analizado está en las condiciones para la inclusión o la exclusión de los miembros del cuerpo docente: la competencia y el rigor moral son necesarios para el trabajo docente; a lo cual, el consejo de Regentes añade un rasgo político, no ser comunista

---

11 En inglés en el original, literalmente: «La Cuestión Fundamental». Este es el título del documento en el que Kantorowicz relata este episodio. (N. del T.).

y estar dispuesto a certificarlo. Este punto en común muestra la particularidad que invalida la utilización de la regla de mayoría en este caso concreto. Si un comité decide mayoritariamente el despido de un profesor por su incompetencia o por su falta de moralidad, la decisión afecta a la competencia o la moralidad del profesor en cuestión; pero el comité no decide por mayoría cuáles son las cualidades que deben atesorar los profesores, como por ejemplo, en lo relativo a la competencia o a la moral. La naturaleza de dichas cualidades está previamente establecida por la Universidad. Por otra parte, la definición de tales cualidades es un elemento constitutivo de la propia institución. El comité debe evaluar si un individuo es conforme a una norma establecida; no es la mayoría la que decide cuál debe ser la norma. Pero la decisión del consejo de Regentes no consistió en denunciar la pertenencia de treinta y dos profesores al partido comunista, ya que todos estaban de acuerdo en que no era posible fundamentar una acusación de tal calado; sino que más bien, la decisión sirvió para establecer una norma política que comprometía la naturaleza de la Universidad y la del cuerpo docente.[12] La segunda parte de las «notas al margen» está dedicada, en su totalidad, a la naturaleza de la Universidad y muestra en detalle hasta qué punto los partidarios del juramento ponen en duda la institución académica, lo que, en

---

12 Cabe añadir que, a pesar de que el consejo acusó a los profesores de ser comunistas, esta acusación y las consecuencias que se derivaron de ella implicaban que, al mismo tiempo, se hacía de la ausencia de determinadas convicciones políticas una norma sobre la pertenencia al cuerpo docente. Por ello, tengo la impresión de que Kantorowicz sobrestima la importancia del cambio de sentido de la decisión durante la reunión del 25 de agosto, para así cuestionar la validez de la regla de mayoría. Sin embargo, y esta puede que sea la razón, el cambio de sentido en la decisión es fundamental en esta historia porque significó la primera derrota de los partidarios del juramento, incapaces de mantener la cuestión de la amenaza comunista en el centro de la controversia.

buena medida, es debido al desconocimiento de su verdadera naturaleza. Si el consejo de Regentes, por tanto, no puede adoptar legítimamente la decisión de despedir a los profesores, contando tan solo con el 50 % más uno de los votos, es porque lo hacen por razones que modifican la naturaleza de la institución en nombre de la que toman la decisión y a la que pertenece tanto la mayoría como la minoría del comité. La mayoría no puede cambiar la naturaleza de aquello que une al grupo mayoritario y al minoritario, esto es, lo específico de la institución a la que pertenecen y en la que tienen un marco de actuación común.

¿Cuál es esta institución, ese vínculo que puede verse afectado por la decisión y cuya preservación condiciona la validez de la obligación mayoritaria? Podemos recurrir aquí al razonamiento que Jeremy Waldron atribuye a Locke: no es apropiado recurrir a la obligación de someterse a la decisión mayoritaria si, con ello, se pone en peligro la seguridad o las razones sobre las que se fundó el interés compartido de una comunidad. El autor atribuye este razonamiento a Locke (1997 [1690]) por deducción, vinculando las condiciones otorgadas al consentimiento, en el párrafo 131 del segundo tratado: «no puede suponerse que criatura racional alguna cambie su situación [del estado de naturaleza al de sociedad civil] con el deseo de ir a peor», a la función de dicho consentimiento en la explicación de la prevalencia de la regla de mayoría enunciada en la sección 96 del mismo tratado: «como lo que hace actuar a una comunidad es únicamente el consentimiento de los individuos que hay en ella, y es necesario que todo cuerpo se mueva en una sola dirección, resulta imperativo que el cuerpo se mueva hacia donde lo lleve la fuerza mayor, es decir, el consentimiento[13] de la mayoría». Waldron propone, a continuación, una formulación algo menos dramática, aunque excesivamente limitada, de la misma idea: si acepto formar parte de una organización con el fin de lograr los objetivos X e Y, yo no puedo estar vinculado a una decisión tomada por dicha organización, orientada a conseguir un objetivo Z, muy distinto a los anteriores. Es preferible adoptar una formulación menos estrictamente instrumental y que, pese a mantener un carácter general, sea independiente de la ficción del pacto social: los miembros de una asociación cualquiera están sujetos a la decisión de la mayoría, únicamente si la decisión no contraviene, de algún modo, alguno de los elementos constitutivos de dicha asociación.

Lo importante aquí, como señala Waldron (1999: 140-141), es lo siguiente: el consentimiento no se produce de manera automática como si la regla de mayoría fuese el producto de un acuerdo que, una vez alcanzado, impusiese que la mayoría sea la que determine necesariamente la decisión a tomar sobre cualquier asunto. Tres principios distinguen a la regla de mayoría de un acuerdo de tales características:

1) El principio de consentimiento a la decisión de la mayoría se alcanza mediante el establecimiento de la regla, pero el consentimiento efectivo no se concede una sola vez, sino para cada decisión.

---

13 En la traducción al español del texto de Locke consultado, Carlos Mellizo traduce el término inglés «consent» por «consenso», mientras que en la traducción francesa, B. Gilson (John Locke (1997) [1690], *Deux traités du gouvernement*, París, Vrin) lo ha traducido por «consentement». En este texto se ha mantenido en la cita la traducción de la edición española, pero modificando la traducción de este término, para el que se ha optado por «consentimiento», más ajustado al texto original en francés y al propósito de su autor. (N. del T.).

2) Este consentimiento efectivo se otorga de manera razonada.
3) Las razones esgrimidas están vinculadas con los fines de la decisión y con su relación respecto del cuerpo social, o la institución, que toma la decisión.

En resumen, la minoría debe consentir, siempre que la decisión no ponga en peligro o modifique la naturaleza del grupo que decide o la del colectivo más amplio en caso de que actúe en su nombre. La obligación mayoritaria contiene la exigencia de un límite a su idoneidad.

Si esta última afirmación es correcta, sus consecuencias son lo suficientemente importantes como para merecer una breve digresión. Hago referencia a la implicación de esta idea, a nivel general, en lo relativo a tres cuestiones políticas importantes para las democracias contemporáneas: el debate sobre el estatuto de los tribunales constitucionales, el valor de los referéndums constitucionales y el de las consultas mediante votación con la finalidad de aceptar o rechazar una solicitud de secesión. En primer lugar, la extensión de las democracias constitucionales –dotadas de un tribunal constitucional y de mecanismos de control sobre la constitucionalidad de las leyes– a menudo se ha relacionado con un debate sobre la limitación, por parte de las llamadas instancias «no mayoritarias», del poder de los Parlamentos, con la idea de que estas, tanto por su modo de decisión como por su sistema de elección, eran la expresión legítima –al ser mayoritaria– del conjunto de los ciudadanos. Sin embargo, la idea de que la regla de mayoría siempre prevalece porque es la expresión del Pueblo es algo limitada. La regla de mayoría prevalece si la decisión adoptada por la mayoría no cuestiona a ese Pueblo. Lo cual implica que sus miembros deben preguntarse qué clase de comunidad constituyen para saber si la decisión les puede perjudicar en aquello que son. La idea de un control constitucional de las decisiones mayoritarias (como por ejemplo las de un Parlamento) tiene sus raíces en algo elemental, que no es propio exclusivamente de la democracia, sino que más bien es propio de la utilización de la regla de mayoría. Por otra parte, puede darse el caso de que fuerzas políticas conservadoras que desean una restauración o fuerzas progresistas que aspiran a una nueva sociedad, consideren suficiente un referéndum en el que haya una amplia participación y el 50% más uno de los votos para hacer cambios profundos en la constitución de un país. Pero aun suponiendo que dichas fuerzas crean honestamente tener derecho a hacerlo, se les puede reprochar que tratan de hacer pasar un acto de fuerza disfrazado como una práctica democrática. Una modificación profunda de la constitución, si afecta a los fundamentos de la vida en común, solo será legítima si se aprueba por una parte mucho mayor de la población. Por último, una secesión obviamente implica una considerable transformación del marco común compartido por los ciudadanos concernidos. En este sentido, un referéndum –apoyado en la regla de mayoría– no puede justificar por sí solo una decisión de secesión.[14]

Retomo aquí de nuevo el hilo de mi argumentación. Si el alcance normativo de la regla de mayoría tiene límites relativos a los problemas de la decisión, esto implica que tanto comprobar el resultado de una votación como contar el número de votos es insuficiente. Aunque ciertamente, el principio de igualdad prevalece y, por lo tanto, los votos no se pesan. Pero si «pesar» nos

---

14 De manera recíproca, los representantes de la nación a la que se le quiere amputar una de sus partes, no pueden, en ningún caso, ignorar a la mitad de la población de esa parte que pretende separarse de la nación.

remite a la idea de que, además del número, hay ciertas consideraciones cualitativas cuando, por ejemplo, evaluamos la decisión tomada en función de la identidad del cuerpo deliberante –sopesando los diferentes argumentos–, entonces la regla de mayoría supone que contamos y que pesamos. El conocido apotegma de Plinio el Joven (Libro II, Ep. XII) –referido al Senado romano y no a la democracia–, en el que sentencia que contamos pero no pesamos los votos, es cierto pero induce a error, al haber ayudado a extender erróneamente la idea de que el uso de la regla de mayoría supone el imperio absoluto del número.

Encontramos aquí una alusión a la deliberación y a la idea según la cual, los individuos no deliberan únicamente para determinar el sentido de su voto. También deben reflexionar –especialmente cuando el consentimiento se considera extremadamente difícil o cuando su legitimidad está en duda– para estar seguros sobre su obligación de otorgar su consentimiento al resultado del escrutinio.

Quedémonos ahora, como primera lección del caso del juramento de lealtad, con la idea de que la obligación mayoritaria es condicional, lo que implica que la decisión adoptada no ponga en duda aquello que vincula al conjunto de sus miembros. Creo que hay dos maneras de analizar ese vínculo y de ello me ocuparé a continuación. La primera considera que lo que une a los socios y justifica la obligación mayoritaria es el respeto de equidad en la satisfacción de sus deseos y reivindicaciones: se trata de un orden de justicia, en un sentido estrictamente distributivo. La segunda considera que el vínculo que los une es un orden social según el cual, los socios son, en el momento de participar en las decisiones comunes, las partes subordinadas de un todo.

2. El lugar de la equidad

El carácter condicional de la obligación mayoritaria puede contribuir a atenuar ciertas reservas sobre la regla de mayoría. Sin embargo, no resuelve el problema que se encuentra en el centro de su crítica más frecuente e importante: el de las minorías permanentes. Si un subgrupo, numéricamente inferior, expresa de manera regular propuestas o deseos diferentes de aquellos que prevalecen en el resto del grupo de votantes, esos deseos o propuestas no tienen ninguna posibilidad de convertirse en mayoritarios. La presencia estable de minorías alimenta la idea de la existencia de una tiranía de la mayoría.

Considero que puede observarse un buen ejemplo de esta crítica, sobre el problema de la representación de los negros en la política americana, en las primeras páginas de un libro titulado *La tiranía de la mayoría*. Su autora, Lani Guinier, ilustra su reflexión sobre las reglas de decisión en democracia mediante algunos casos que evidencian tanto el problema como la solución que ella propone. Uno de estos casos es la historia del sistema de selección del repertorio musical para la fiesta de fin de curso del instituto católico *Brother Rice* en Chicago:

> Se pide a cada alumno una lista con sus tres canciones favoritas, de manera que la orquesta tocará aquellas que más veces aparezcan en las listas. Se trata de un sistema que tiene, sin duda, las características de la democracia. Pero en Brother Rice los blancos son mayoría, y también lo son en el comité de organización de la fiesta. Los alumnos negros del instituto Brother Rice se sintieron tan excluidos por este «proceso democrático» que organizaron su propia fiesta de fin de curso. Como dice uno de estos estudiantes: «Por cada uno de nuestros votos había ocho a favor de lo que querían los otros... Al ser una minoría, siempre salimos perdiendo. Es como si no contáramos». Algunos alumnos blancos descontentos veían las cosas de otro modo. Se quejaban de que los alumnos negros no hubiesen aceptado la decisión de la mayoría: «La mayoría toma las decisiones, así es como funciona». (Guinier, 1994: 2-3).

Para Lani Guinier, este caso pone de manifiesto hasta qué punto la regla de mayoría puede ser tiránica para una minoría[15].

---

15 He de precisar que la crítica que haré a continuación, respecto del valor general de este ejemplo, no sirve para discutir las tesis del libro, que trata sobre la representación de los negros en las asambleas legislativas americanas y para lo que la autora propone un modo de designación alternativo. Lo que me interesa aquí es la regla de mayoría utilizada para tomar una decisión, como por ejemplo en la selección de

Tanto los estudiantes negros como Lani Guinier tienen mucha razón: el recurso a la regla de mayoría en este caso era injusto. ¿Por qué? Volvamos de nuevo sobre los aspectos fundamentales de este episodio. Se trataba de satisfacer las preferencias musicales de los estudiantes y para ello se recabó información sobre sus gustos al respecto. El método de selección de las canciones, por tanto, pretendía satisfacer a la mayor cantidad posible de estudiantes. En este caso, la coincidencia entre las preferencias musicales de cada alumno y las canciones que finalmente se programaron para la fiesta, se considera como un bien. Por el contrario, la distancia entre las preferencias y la música programada se considera un inconveniente. De tal modo que el procedimiento tenía como objetivo distribuir este bien y este mal. Este caso también nos plantea el problema de una distribución equitativa (*fair division*)[16]. Aquí es necesario precisar que la regla de mayoría es un mal método de distribución equitativa, si se compara con un sistema de rotación o de sorteo ponderado por el voto. El caso evocado por Guinier es, por tanto, un buen ejemplo de una utilización mecánica, poco apropiada y moralmente criticable de la regla de mayoría.

---

un candidato para un puesto de responsabilidad. El problema de la designación de los miembros de un parlamento es de una naturaleza distinta, ya que se trata de la selección de (diferentes) representantes. Este caso también plantea la cuestión de la relación entre el conjunto de parlamentarios designados y la diversidad de opiniones políticas en el cuerpo electoral. Para hacernos una idea acerca de la diferente naturaleza de ambos problemas recurriremos a Kelsen (2004 [1932]). Para este filósofo del derecho, la regla de mayoría es un pilar de la democracia, pero también considera que en las elecciones legislativas debe utilizarse una regla de proporcionalidad rigurosa, de modo que todas las opciones estén representadas en el parlamento, en la proporción de su presencia entre la población. El parlamento elegido debe, sin embargo, servirse de la regla de mayoría para aprobar las leyes. Sobre el problema de la representación descriptiva planteado por Lani Guinier, véase Mansbridge (1999).
16 Puede verse una síntesis de los trabajos sobre esta cuestión en Brams y Taylor (1996) y en Moessinger (1998).

Aunque la elección de este caso pone de manifiesto algunos errores frecuentes en las reflexiones sobre la decisión colectiva: la falta de atención a la naturaleza de las situaciones concretas y una concepción poco rigurosa acerca de qué es una decisión colectiva. De hecho, la situación elegida por Guinier en este caso no es la mejor para ilustrar el uso habitual de la regla de mayoría. La autora confunde dos tipos de situaciones y hace referencia a reglas diferentes para la determinación de una elección colectiva: situaciones de distribución equitativa y situaciones de decisión colectiva. Esta misma confusión entre situaciones distintas se puede observar también en algunos textos cuya motivación es meramente teórica. A continuación mencionaré dos ejemplos de ello.

¿Qué preferencias satisfacer?

Ben Saunders (2010) propone una comparación sistemática de las ventajas e inconvenientes de la regla de mayoría y del sorteo ponderado por el voto (*lottery-voting*)[17]. Su argumento principal es que la regla de mayoría no es sistemáticamente preferible y que la elección entre uno de ambos métodos debería evaluarse en cada caso concreto. Por supuesto, hace referencia al caso de las minorías permanentes:

---

17 El procedimiento es el siguiente: 1) tras la deliberación, los participantes votan a favor de la opción que consideran prioritaria; 2) los resultados obtenidos determinan las probabilidades que se aplicarán a cada una de las opciones o a los candidatos –así, por ejemplo, a una opción que obtenga el 40% de los votos, se le aplicará una probabilidad del 40%; 3) se lleva a cabo un sorteo ponderado. De este modo, y siempre que haya tenido al menos un voto, cada opción puede resultar elegida mediante sorteo. Por tanto, la posibilidad de ser «la» decisión es proporcional a los votos que haya obtenido anteriormente. Este es un procedimiento de distribución equitativa muy similar al de la rotación proporcional.

Si en cada decisión, tanto la mayoría como la minoría se forman de manera fluida, podemos decir entonces que todos los individuos tienen muchas más oportunidades de pertenecer a la mayoría que de lo contrario. En este caso, por lo tanto, la regla de mayoría es, al mismo tiempo, equitativa y, posiblemente, sirve para maximizar la satisfacción agregada. (…) Los contextos en los cuales el sorteo ponderado puede ser apropiado son aquellos en los que una minoría persistente sabe de antemano que la regla de mayoría le hará perder. En estos casos, considero que es razonable desestimar la regla de mayoría, puesto que funciona más como un procedimiento trucado que como un procedimiento equitativo (Saunders, 2010: 170).

El interés de esta reflexión reside en que se evalúa la regla de mayoría y el sorteo ponderado por el voto en función de su capacidad para distribuir un bien —la satisfacción de las preferencias del votante— de manera equitativa. Durante su examen comparativo, el autor considera con rigor un punto vulnerable en el método del que es un firme defensor: el sorteo ponderado por el voto podría hacer que se designase a miembros de minorías no democráticas o, sin ir tan lejos, a candidatos de minorías cuyos valores difieren profundamente de los de una gran mayoría de la población. En caso de que, por ejemplo, la República Francesa hubiese utilizado este sistema de designación en las elecciones presidenciales en 2007, habría habido una posibilidad significativa (14%) de nombrar jefe del Estado a Jean-Marie Le Pen o a Olivier

Besancenot. Porque si se asume que las elecciones plantean el problema de la distribución y la satisfacción de las preferencias de los electores, entonces debe reconocerse que, en la práctica totalidad de los casos, tanto los electores de extrema derecha como aquellos de extrema izquierda constituyen minorías permanentes a las que la regla de mayoría trata de manera injusta.

Siendo consciente de que el método que defiende concede oportunidades de éxito a minorías electorales ampliamente rechazadas por la mayoría de la población, Ben Saunders (2010: 171-173) contempla la aplicación de una serie de limitaciones poco convincentes (refuerzo del control institucional, determinación de un umbral mínimo de votos para acceder al sorteo al final del procedimiento, responsabilizar a los electores haciendo público el sentido del voto), pero de manera llamativa, esta dificultad no le hace pensar la elección de otro modo que no sea el de la distribución equitativa de las oportunidades que tienen los electores de ver satisfechas sus preferencias.

Por su parte, Mathias Risse (2004) propone enriquecer y reforzar los argumentos a favor de la regla de mayoría. A su juicio, una de las tareas de un defensor de la regla de mayoría es precisamente encontrar una justificación sólida de la elección entre dos tipos de métodos: los métodos de agregación de las preferencias (entre los que se encuentra la regla de mayoría) y los métodos de distribución equitativa (entre ellos el del sorteo ponderado por un voto previo). En su caso, es llamativo que no acabe de ofrecer ninguna razón de peso por la que alguno de los dos métodos sería preferible al otro[18].

---

18 Para una revisión detallada de su análisis comparativo de los dos métodos, me remito a un trabajo anterior en Urfalino (2013, cap. 4).

Los tres autores que acabo de citar, independientemente de sus preferencias y sus valoraciones sobre la regla de mayoría o sobre una regla de distribución equitativa, tienen un punto en común: parecen considerar que ambos métodos son aplicables al mismo tipo de situaciones. Pero procediendo de este modo olvidan una distinción que, además de ser pertinente en términos generales, es necesaria para la comprensión de la naturaleza y el éxito de la regla de mayoría. Me refiero a la distinción entre una elección colectiva, realizada por un conjunto de individuos que buscan satisfacer sus deseos, y una decisión colectiva, tomada también por un conjunto de individuos pero, en este caso, para lograr los fines de una entidad colectiva. Esa es la diferencia que señala Elizabeth Anscombe (1976) entre, por una parte, un grupo de viajeros que han alquilado un medio de transporte colectivo y deben colectivamente elegir el destino de sus vacaciones, y por otra, a los miembros de un parlamento que votan una ley. En el caso de los segundos, no se espera de ellos que determinen el modo en el que se les distribuirá un determinado bien.

El peso respectivo de los participantes

Antes de pasar a precisar la diferente naturaleza de los ejemplos que acabo de evocar, quisiera aclarar al lector la idea de lo que yo entiendo como decisión colectiva o decisión de un colectivo, y que lo autores que acabo de citar no abordan. La experiencia más común que se puede tener, directa o indirectamente, de decisión colectiva y de cuestionamiento práctico sobre la validez del uso de la regla de mayoría es la de formar parte de un cuerpo deliberante o tener la oportunidad de interesarse por sus decisiones. Así, en el consejo de administración de una asociación, en algún órgano de la institución para la que trabajamos, en un parlamento, en un ayuntamiento o, más general, en nuestra experiencia como ciudadanos en las elecciones generales. Cualquiera que sea el *modus operandi* específico de alguno de estos cuerpos deliberantes, las condiciones y el estatus que se reconozca a sus miembros, sus prioridades, sus formas de debatir y de alcanzar acuerdos colectivos, todos comparten tres características que están estrechamente relacionadas:

- En la mayoría de casos, los individuos se incorporan a cuerpos deliberantes ya existentes y cuando los abandonan estos permanecen. La temporalidad de la institución y la de sus miembros, por lo tanto, suele ser diferente. Cabe destacar además, que los individuos que se incorporan a este tipo de instituciones adquieren derechos y también asumen responsabilidades y obligaciones. En el momento de abandonar la institución, pierden los primeros y quedan liberados de las segundas. En suma, las personas que se incorporan a este tipo de cuerpos asumen un papel vinculado a los fines de la entidad.

- No se toman decisiones en nombre de los intereses específicos de los miembros de los cuerpos deliberativos, sino en nombre del cuerpo mismo y/o, en ocasiones, de la instancia más amplia a la que representa y en cuyo nombre actúa. Esta proposición podría evidentemente matizarse pero lo que sí puede, al menos, afirmarse, es que las decisiones no se toman, de manera estricta ni sistemática, en nombre de los intereses inmediatos de sus miembros. Lo que importa es la validez de dos proposiciones complementarias: por una parte, que existen algunos vínculos entre los bienes y los fines perseguidos por sus miembros y los bienes y los fines destinados a orientar las decisiones del cuerpo deliberante; por otra, que la articulación entre ambos es, a menudo, subjetiva y objetivamente opaca, ya que sus miembros no conocen de manera clara tal vinculación y porque esta puede ser indeterminada.

- La asociación, el comité, el parlamento o la nación están insertas en un entorno y sus decisiones no conciernen solamente a aquellas personas que las toman. Se trata, por tanto, de instancias que pertenecen a un determinado medio y que tienen interlocutores externos, tales como otras asociaciones, otros comités, otras instituciones dentro de un régimen político u otras naciones. Esta relación entre un interior y un exterior, articulada por sus fines o sus funciones, debe considerarse también como un elemento constitutivo del cuerpo deliberante.

La temporalidad de la institución, la diferenciación y la articulación entre fines colectivos e individuales, y la polaridad entre interior y exterior son los elementos que nos permiten reconocer la existencia de una entidad colectiva en el seno de la decisión colectiva. Estos tres hechos empíricos explican que la permanencia en el tiempo del cuerpo deliberante es independiente del conjunto cambiante de miembros que lo componen (los individuos poseen el estatus de miembros en un determinado momento pero no en otros, del mismo modo que siendo miembros pueden estar o no presentes en las reuniones). La identidad diacrónica del cuerpo deliberante está ligada a su historia, a las capacidades y funciones que desarrolla en el medio en que se encuentra y a la continuidad o a la evolución de los fines que persigue[19].

---

19 Para un desarrollo más amplio del argumento sobre la posibilidad de considerar a un cuerpo deliberante como una entidad colectiva e incluso como un agente, me remito a Urfalino (2013, cap. 5, y 2017). Del mismo modo que en pasaje anterior, en dicho texto me sirvo de las propuestas de Vincent Descombes sobre las entidades colectivas en general. Sobre ello puede verse en particular Descombes (2013, cap. 4).

Considerando lo anterior, retomaré de nuevo la historia contada por Lani Guinier. La situación habría merecido otra consideración de haber consultado a los estudiantes qué programación era deseable para lograr algunos de los fines esperados por el instituto, como por ejemplo, organizar la fiesta mejor valorada de la ciudad de Chicago. En tal caso, los estudiantes serían considerados como una parte involucrada en una decisión colectiva. Cabe constatar dos diferencias, a pesar de que el procedimiento pudiera ser idéntico (cada alumno debería elegir tres canciones): 1) en este caso, el instituto se considera una entidad colectiva en relación con su entorno, como por ejemplo, con otros institutos u otras instituciones; 2) la determinación de la programación musical no está orientada por la cuestión de satisfacer los gustos de los alumnos. Por lo tanto, los estudiantes contribuyen a la decisión colectiva pero no son los titulares del derecho al reparto de un determinado bien. La aplicación de un método de distribución equitativa no tiene sentido en este caso y la regla de mayoría puede aplicarse sin riesgo de perjudicar los derechos de una minoría[20], puesto que la distribución de un bien –las canciones seleccionadas son las que yo elegí– no es el problema central que debe resolver este procedimiento.

En la tendencia a equiparar distribución equitativa y decisión colectiva se observan diferentes rasgos: 1) En ambos casos se trata de una elección colectiva entendida como la determinación colectiva de la elección de una opción entre varias posibles. 2) Una generalización excesiva, en todas las situaciones, del carácter distributivo de algunas de ellas, ya que las decisiones adoptadas

---

20 Obviamente falta presentar los argumentos que justificarían la aplicación de la regla de mayoría en este caso. Lo haré más adelante en este texto.

implican costes o beneficios para una mayor o menor proporción de participantes. Lo cual no justifica que toda decisión colectiva deba ser necesariamente, y en todos los casos, pensada en términos distributivos. 3) Existe una perspectiva a partir de la cual la decisión equivale a la distribución de un bien, independientemente de aquello que está en juego en la decisión. Esta perspectiva está presente en la justificación liberal de la regla de mayoría, de la cual Kelsen es el gran defensor, pero también aparece en nuestra visión espontánea de la decisión colectiva. De hecho, podemos considerar que para cada uno de los participantes la convergencia entre su deseo y el resultado de la elección colectiva sea un bien y la divergencia un mal. Kelsen, Rae y Przeworski coinciden en señalar la superioridad normativa de la regla de mayoría, puesto que maximiza el número de aquellos cuya voluntad individual coincide con la voluntad colectiva (véase la última parte de este texto). Por lo tanto, si esta convergencia es un bien, las reglas de decisión se pueden evaluar en función de su capacidad para compartir ese bien de una manera más o menos equitativa.

La decisión colectiva, por lo tanto, no puede asimilarse a priori a la distribución de un bien. Sin embargo, en toda decisión colectiva existe un problema de equidad que debe ser tenido en cuenta y que aparece cuando se observa el peso relativo de cada participante en la decisión, con respecto del principio que justifica su participación. Recordemos que se participa en una decisión colectiva desde una posición determinada. Si el principio que justifica la participación es la igual soberanía de cada elector, tal y como sucede en nuestras elecciones políticas y en otras muchas instituciones, cada uno debe tener el mismo peso. En caso de que el principio sea la propiedad, como sucede en una asamblea general de copropietarios de un inmueble o en el consejo de administración de una empresa, las decisiones se tomarán considerando el peso de cada elector, en proporción a su parte en el inmueble o en la empresa. Las reglas de equidad en una decisión colectiva están relacionadas con la influencia respectiva de los participantes, y no con sus posibilidades individuales de obtener el resultado deseado. Estas reglas atañen, por tanto, al proceso y no al resultado de la decisión. Si consideramos un bien para cada participante el hecho de que la voluntad individual y la colectiva coincidan, debemos acordar entonces, que la decisión colectiva y la regla de mayoría no tienen la vocación de distribuir ese bien de manera equitativa.

Como puede verse, la cuestión de la equidad de la regla de mayoría se plantea en términos muy diferentes según la situación considerada y sus cualidades. El uso de la regla de mayoría no está justificado cuando en la disputa se dirime un reparto entre aquellos que tienen derecho. En cambio, en un proceso de decisión colectiva, la cuestión de la equidad está limitada por el peso de cada uno de los participantes. Lo que les une es la pertenencia a una entidad colectiva, en el nombre de la cual se toma la decisión.

Llegados a este punto de la reflexión, el lector quizá pueda admitir la diferencia entre distribución equitativa y decisión colectiva, aunque sin duda será más reticente a reconocer la distinción entre una colección de individuos y una entidad colectiva. De hecho, en este momento deberíamos resolver, al menos, un problema de carácter descriptivo: ¿cómo pasamos de una descripción de las acciones individuales a la descripción de las acciones de una entidad? La respuesta a esta pregunta nos permitirá disipar el misterio de la obligación mayoritaria.

3. En el nombre del todo

Eric Landowski ha señalado que un semiólogo que pretenda constituir un corpus de los discursos producidos en una institución como el Parlamento debe considerar dos tipos de enunciados muy diferentes. Por una parte, los discursos jurídicos, para los que el Parlamento es «una totalidad indivisible», en tanto que agente único de la creación de leyes. Por otra parte, los discursos políticos, producidos por una pluralidad de agentes que remiten «a las partes constitutivas de la totalidad parlamentaria» (Landowski, 1977). En los estudios parlamentarios, Landowski distingue dos disciplinas, la ciencia jurídica y la sociología política, y cada una de ellas se ocupa de un solo tipo de discurso. Pero al igual que la semiología, una sociología de la decisión colectiva no puede aceptar esa forma de división del trabajo, sino que debe ocuparse de los dos tipos de discursos y de las realidades que muestran. Pero, ¿cómo entender un cuerpo deliberante, al mismo tiempo, en términos de pluralidad («Los diputados toman colectivamente una decisión») y en términos de totalidad («La asamblea ha tomado tal decisión»)? Y por otra parte, ¿cómo se puede concebir la articulación de esos dos niveles?

El modelo de la petición y el cuerpo deliberante

Trataré de proponer instrumentos que resuelvan la dificultad anterior, teniendo en cuenta la doble exigencia que nos impone, con la ayuda de Jeremy Bentham, aunque en un primer momento no resulte evidente que sea el autor del que mejor pudiera servirme. El nominalismo riguroso de Bentham inspiró una pionera reflexión sobre las condiciones para el buen funcionamiento de una asamblea política –una reflexión que se aplica sin dificultad al conjunto de los cuerpos deliberantes–. Bentham (1999 [1791]) considera que toda entidad colectiva, como por ejemplo una comunidad, un parlamento u otra, no es más que una ficción, una comodidad del lenguaje, inevitable pero engañosa. Solo se puede constatar la existencia de los individuos que la componen y en consecuencia, según Bentham, ninguna descripción sobre el funcionamiento de un cuerpo deliberante puede exceder la descripción de una multiplicidad de acciones individuales. Sobre esta base propondrá una definición general del cuerpo político orientada a ser aplicada al Parlamento, donde consta el carácter inestable del conjunto de diputados que lo componen. Este no es nunca igual, de una reunión a otra, en función de las presencias y de las ausencias de sus miembros. Sobre esta base, concluye que una reunión de tales características no puede ser la base de la unidad del cuerpo político. La unidad radica en la identidad de las opiniones declaradas por sus miembros:

> Cada acto declarativo, (…) que comienza siendo de un solo individuo, puede acabar siendo el del cuerpo. «Esto, dice Tito, es lo que me viene

a la cabeza». «Eso es precisamente lo que vino a la mía» puede también decir Sempronio. Por lo tanto, es entonces el poder de ponerse de acuerdo sobre un mismo acto intelectual lo que constituye el principio de unidad de un cuerpo (Bentham, 1999 [1791]: 21).

Bentham nos proporciona un excelente ejemplo empírico de su definición del cuerpo político: la petición. La identidad de la petición reside en el texto hecho público con la posición adoptada y no en la lista de firmantes. Esta lista puede cambiar sustancialmente, y aumentar o disminuir, pero la petición será siempre la misma. En cambio, si el mismo conjunto de individuos firma dos textos nos encontraremos ante dos peticiones diferentes. Bentham procede en su reflexión como si su definición del cuerpo político, perfectamente ajustada al caso de la petición, se aplicase a los cuerpos deliberantes. Aunque en el conjunto de su libro aboga por lo contrario. Lo hace descartando todos los elementos que pudieran afectar al buen funcionamiento de la asamblea y beneficiar indebidamente a aquellos grupos más activos y con mayor capacidad de maniobra que el resto. Esto es lo que su tratado pretende evitar:

> Entonces, (la asamblea) ya no es un cuerpo político estrictamente hablando, porque todas sus deliberaciones se prepararán en secreto por un número reducido de individuos que, hablando en nombre de la asamblea, serán aún más peligrosos puesto que no temerán a ninguna responsabilidad (Bentham, 1999 [1791]: 20).

La idea que aparece aquí, de una integridad de la asamblea que debe preservarse, no se compadece con la definición de la asamblea como colección de individuos. Si el cuerpo político no es más que una colección, diferente en cada reunión y constituida en cada ocasión por la identidad de las perspectivas de la suma de sus componentes, ¿qué diferencia permite distinguir una colección ilegítima y peligrosa de otra más fiel a la asamblea? ¿Cuál es entonces esa asamblea en cuyo nombre podemos hablar, bien indebidamente, bien con todo derecho? Desde un punto de vista nominalista no podemos recurrir a una lista exhaustiva de representantes electos, más o menos estable entre dos elecciones (si descartamos las dimisiones y los fallecimientos) porque, como señala el propio Bentham (1999 [1791]: 23), las decisiones las toman colecciones de parlamentarios diferentes en cada ocasión, formadas por quienes están presentes. Por otra parte, los parlamentarios casi siempre están divididos en al menos dos opiniones opuestas, lo que invalida la definición del cuerpo político a partir de la similitud de los actos declarativos de cada uno de sus miembros. Bentham señala, a su pesar, que no se puede invocar la diferencia entre los actos legítimos de una asamblea y las iniciativas indebidas de un subgrupo de sus miembros sobre la única base de una descripción del cuerpo deliberante en términos de actos individuales.

En efecto, lo que podemos llamar el modelo de la petición es aquí completamente inapropiado. Lo es porque la identidad de la petición está basada en una única opinión, publicada y fijada por un texto, mientras que la lista de firmantes que la avalan puede cambiar. En el caso de los cuerpos deliberantes, la opinión no puede servir de criterio de identidad ya que hay al menos dos diferentes y a pesar de que existe un conjunto de referencias estables, las de los representantes electos, los actores efectivos de la decisión componen listas diferentes en cada reunión. Si se quisiera captar la realidad de un cuerpo deliberante con la ayuda del modelo de la petición, sería necesario considerar al menos dos peticiones que compitan entre sí. Aunque en ese caso, no está claro lo que permitiría a una de las propuestas asumir la victoria de la contraria y aceptar su validez para un conjunto más amplio que incluya a los protagonistas de ambas peticiones. Los historiadores han descrito una decisión colectiva –un procedimiento muy semejante– que puede examinarse a partir del modelo de la petición: la *via scrutini* de los dominicos en el siglo XIII. Los monjes votaban para designar al nuevo responsable de un monasterio y si un nombre reunía la mayoría de votos, se reclamaba el apoyo de la minoría. Si esta aceptaba, la designación se consideraba unánime y era posible proceder a la elección propiamente dicha. La elección no es en este caso el voto, sino la siguiente declaración solemne pronunciada por uno de los monjes: «Yo, hermano M, en mi nombre y en el nombre de todos los electores aquí presentes, elijo al hermano X como prior provincial». Pero si la minoría rechazaba apoyar a la mayoría, la declaración que posibilitaba la elección era otra: «Yo, hermano M, en mi nombre *y en el nombre de todos aquellos que comparten mi elección*, elijo al hermano X». A esta declaración podía seguir otra del mismo tipo pronunciada por otro hermano, N, en nombre de los miembros de la minoría, favorable al hermano Y. Lo cual explica que el procedimiento podía conducir a dos «elecciones» y por lo tanto a dos «electos»[21]. El hecho destacable en este caso es que la elección solamente puede invocar una lista, aquella en la que todos son

---

21 He tomado esta descripción de Gaudemet (1979: 326-327).

favorables al mismo «electo». Al igual que en una petición, nos encontramos con una opción –aquel a quien se desea elegir– y con la lista de quienes la apoyan[22].

La idea de una articulación entre una totalidad y las partes está ausente o no tiene sentido, tanto en la práctica de los monasterios, en el enfoque nominalista de los cuerpos deliberantes, en la realidad de las peticiones o en la lógica de las listas. Sin embargo, para poder evocar una integridad de la asamblea con el fin de oponerla a las acciones de una facción, se debe poder hacer referencia a una totalidad y a las partes que la componen[23]. Pero ningún listado de diputados presentes puede, por el mero hecho de aparecer agrupados, hacer emerger esa posibilidad.

Veremos más adelante que esta referencia a una totalidad y a sus partes es constitutiva de toda entidad colectiva. Pero observemos en primer lugar cómo esta referencia puede movilizarse en la práctica de las asambleas. Dos instrumentos de sobra conocidos, cuyo uso sería incongruente para una petición, garantizan la articulación entre los actos individuales y la entidad colectiva: el cuórum y una regla de decisión (normalmente se trata de la regla de mayoría). El primero articula la pluralidad de los presentes en la asamblea como totalidad; la segunda, la diversidad de opiniones en la unidad de la decisión. Bentham resulta aquí mejor sociólogo que metafísico y es partidario del uso de ambos procedimientos.

---

22 Pero no puede decirse que se trate de una verdadera decisión. Constatar la existencia de una mayoría no equivale a tomar una decisión, sino que forma parte de una casuística sin otro fin que lograr la adhesión, más o menos forzada, de la minoría, de negociaciones, de demandas de arbitraje de interlocutores externos. Puede verse una descripción detallada de uno de estos procesos caóticos de designación en Boureau (1999).
23 Podemos distinguir una lógica de las listas (Geach, 1962) y una lógica de la descripción de las relaciones entre las partes y la totalidad (Descombes, 1996: 159-165).

Pluralidad, totalidad y unidad

El cuórum y la regla de mayoría tienen el mismo efecto: transforman un hecho numérico, una cuenta, en un derecho. Si hay cuórum, los presentes obran legítimamente en nombre de toda la asamblea y no como una facción. Del mismo modo, el problema del desacuerdo se solventa por el método mayoritario. No se trata de que la facción más numerosa imponga su voluntad a otra minoritaria, sino que al alcanzar el 50% más uno de los votos se autoriza a una pluralidad de individuos, que han manifestado el mismo deseo, a declarar la voluntad de la institución.

¿Mediante qué milagro del número y los umbrales se pasa del acto de fuerza al acto y la decisión legítimas? ¿Cuáles son las consideraciones, pragmáticas o normativas, mediante las que se fijan las proporciones y el umbral para el cuórum y la regla de decisión?, y por último, ¿mediante qué prodigio esos umbrales operan la transición del hecho al derecho?

Ni milagro ni prodigio, dichos umbrales producen efectos en la medida en que los participantes respetan las reglas que garantizan la existencia de la institución a la que pertenecen y desde la que actúan. La entidad colectiva que toma una decisión solamente se reafirma en su existencia y tiene alguna oportunidad de influir en su entorno si la pluralidad de miembros que actúan en su nombre es considerada y se considera a sí misma, al mismo tiempo, como una unidad y como un todo. Cuando observamos la relación de un cuerpo deliberante con su entorno, este se muestra como una entidad individual, pero cuando observamos la relación de ese mismo cuerpo con los miembros que lo componen, entonces aparece como un todo.

El cuórum y la regla de mayoría (o alguna otra regla de decisión) se perciben como ventajas técnicas que casi todos los cuerpos deliberantes adoptan. Su uso es fácil de detectar, sin embargo, es menos frecuente considerar que su aplicación presupone la movilización de los conceptos de totalidad, partes y unidad. Con el fin de ilustrar esta articulación y esta tensión entre pluralidad, de un lado, y totalidad y unidad del otro, me serviré del funcionamiento de una institución central del Antiguo Régimen: el Parlamento de París. Habiéndose mantenido estructuralmente en un constante equilibrio de poder, la historia de este cuerpo deliberante nos permite observar los rasgos que hicieron posible su supervivencia como institución.

Las funciones políticas del Parlamento en el seno de la monarquía francesa eran registrar las leyes y los decretos emitidos por el Consejo del Rey, evaluar su conformidad con la legislación anterior y con el interés del reino. El Parlamento utiliza un procedimiento de toma de decisiones que conjuga el uso de la palabra y el voto, y su última fase es muy similar a una votación mayoritaria en la que se decide entre dos opciones. Las relaciones entre el Rey y su Parlamento pueden caracterizarse esquemáticamente como sigue: el Rey (también la Reina o el Regente, según los casos) está obligado a obtener el aval del Parlamento para que sus textos tengan rango de ley. Por otra parte, sabiendo que tiene derecho a la última palabra (el famoso «lecho de justicia» mediante el cual el Rey va al Parlamento a imponer su voluntad), el Rey se impacienta y se lamenta por los retrasos que el examen, el registro y, en ocasiones, las amonestaciones (solicitudes de renuncia o modificación del texto) del Parlamento imponen a la aplicación de las medidas adoptadas por su Consejo. Entonces trata de presionar, mediante amenazas y movilizando a sus aliados en lo que se conoce como el Tribunal o la Compañía. Por otra parte, los parlamentarios no son elegidos, sino que heredan o compran su cargo. En ambos casos, toda la autoridad proviene del Rey, a quien deben servir. Pero al corregir constantemente las propuestas del Rey, en nombre de su obligación de prestar servicio a la Corona, los parlamentarios están expuestos a la ira real y a los peligros que ello implica[24].

Reproduzco, a continuación, el acta de una reunión entre la Reina –madre de Luis XIV, en ese momento menor de edad– y el personaje más importante del Parlamento justo después de una de las numerosas ocasiones en la que la mayoría de la cámara posibilitó un dictamen muy molesto para el poder real:

> El primer presidente rogó humildemente a Su Majestad que le concediese una audiencia y que escuchase las razones y justificaciones de los decretos dictados por el Tribunal del Parlamento, a lo que la Reina respondió que ella no se quejaba de los presidentes, ya que sabía que estos no compartían la opinión del decreto; a lo que *el primer presidente replicó que en la Compañía no había más que un único espíritu y que esta no podía estar dividida en sus resoluciones*, por lo que imploró a Su Majestad que escuchase la justificación (Le Boindre, 1997: 120)[25].

---

24 A este respecto, véase Daubresse (2005) y Houllemare (2011).
25 He modernizado la ortografía y el subrayado es mío. Me sirvo aquí del material de una investigación en curso sobre los modos de decisión del Parlamento de París que llevo a cabo con Pascaline Costa, a quien le agradezco haber llamado mi atención sobre este pasaje y el siguiente.

El extracto muestra una breve interacción entre dos personajes mediante la cual se manifiesta un episodio de tensión entre dos instituciones. Esta tensión remite a las funciones respectivas del monarca y del Parlamento. El ruego a que las razones del Parlamento fuesen escuchadas es una fórmula casi ritual de los presidentes en el momento de informar al poder real sobre las decisiones adoptadas por la Compañía. Aunque no se trata de una mera manifestación de respeto jerárquico, sino que revela un elemento esencial de la monarquía que, al mismo tiempo, reúne y enfrenta a los dos interlocutores: el registro y el depósito de decretos y leyes por el Parlamento distingue a la monarquía de la tiranía (Montesquieu). Pero esa tensión también afecta a la integridad de la Compañía, y eso es lo que nos interesa aquí. La Reina sabe, y así lo dice, que el primer presidente no forma parte de la mayoría que ha impuesto una opinión que le resulta inconveniente. Pero este último, casi de forma precipitada, con el fin de anticipar y evitar ciertas maniobras, o simplemente para afirmarse en su papel en la Compañía, sentencia que no se dirige a ella como miembro de la minoría, sino como portavoz del Parlamento, desapareciendo como una parte para pronunciarse en nombre de un todo.

La asimetría de recursos, en términos de autoridad y de poder, entre la Reina y el primer presidente es de tal magnitud que a este último solamente le queda el recurso a lo que podríamos denominar: una lección sobre asuntos institucionales. El único modo en el que el primer presidente puede exponer su punto de vista (la Reina debe considerar la opinión única, o la decisión, del Parlamento) es integrándolo en un recordatorio elemental de cuáles son las condiciones fundamentales –independientes de la voluntad del Parlamento y de su primer presidente– de las instituciones básicas de la monarquía, frente a lo cual, la Reina no tiene más opción que respetar su adhesión. Y, curiosamente, en el contexto de una lección sobre asuntos institucionales, la relación asimétrica se invierte. El primer presidente se convierte en maestro y la Reina en alumna. De hecho, bajo la forma de una relación impersonal que le permite intervenir en la interacción desapareciendo de ella, el primer presidente repite las que pudieran ser las indicaciones de un maestro a un alumno que ignora qué es una institución como un cuerpo deliberante. El alumno no ve más allá de aquello que es físicamente visible: personas que parecen estar haciendo algo juntas. El alumno es, por tanto, espontáneamente nominalista. El maestro le enseña aquello que puede hacerse y lo que no, y bajo qué condiciones. Tal acción o tal pronunciamiento de una determinada persona, explicará el maestro, prohíbe esta otra acción o afirmación, aunque cabe considerar otras posibles, a condición de observar los actos y los enunciados anteriores. Estas son las consignas:

- De existir algo como un parlamento, no hay más que una sola voz.
- Incluso teniendo la última palabra, el monarca necesita un parlamento y debe escuchar su voz y sus argumentos para no acabar siendo un tirano.

Otro episodio en la vida de este Parlamento nos ayudará a observar cómo los conceptos de unidad y de totalidad se articulan en un orden normativo:

> Reunida la Compañía en asamblea, y antes de continuar la deliberación, el primer presidente

junto con los otros presidentes del Tribunal departían entre ellos en privado, *se le ha recordado que va contra la dignidad de la Compañía que esta se reúna sin deliberación*, a lo que el primer presidente dijo que se había visto obligado a dedicar tan escaso tiempo a intercambiar pareceres con el resto de presidentes por tratarse una propuesta que acaba de hacerse y que era ventajosa para la Compañía. A lo que el señor Viole respondió que tales propuestas, fueran las que fueran, no debían ser examinadas por ocho personas, ya que *no hay nadie en la Compañía que no participe tanto como ellos en su dignidad* (Le Boindre, 1997: 126)[26].

Los presidentes de una cámara que no respetan una regla de procedimiento son llamados al orden. En este caso, el hecho de que esta regla reclame la participación de todos los parlamentarios en la deliberación no es lo que reclama mi atención. Lo que me interesa aquí es aquello que justifica la regla misma y su respeto: la dignidad de la Compañía. «Dignidad» quiere decir aquí «función eminente»[27].

De nuevo aquí, la especificidad del Parlamento de París presenta la ventaja de hacer explícito algo que, generalmente, está implícito en los cuerpos deliberantes. No existía un reglamento escrito y los procedimientos formaban parte de una tradición, por lo que era necesario recordar las reglas y su justificación en el momento en que su utilización, o no, exigían

---

26 Sesión del 20 de junio de 1648. He modernizado la ortografía y el subrayado es mío.
27 Se trata de la primera acepción recogida por el *Diccionario de la lengua francesa* de Émile Littré para la voz «dignidad»: función eminente en el Estado o la Iglesia.

una explicación. La dignidad hace, al mismo tiempo, referencia a las ideas de función y de magnitud. La Compañía tiene una función eminente en el seno del reino. Como tal, se espera que, como vimos, sea respetada desde el exterior, pero también en su interior, principalmente mediante el sometimiento a sus reglas de funcionamiento. Todos sus miembros participan en esta dignidad, y cada uno de ellos tiene derechos que el resto de miembros debe respetar, y también deberes, en especial el de acatar el procedimiento que permite tomar una decisión.

Todo cuerpo deliberante forma parte de un conjunto social más amplio, en cuyo interior se le asignan y asume algunos fines. Al mismo tiempo, sus miembros poseen derechos que pueden hacer valer y deberes que deben respetar. El cuerpo deliberante es un órgano de carácter normativo, y es este rasgo el que confiere autoridad a las decisiones. En su caso, la mayoría no tiene autoridad en sí misma. La obligación mayoritaria implica la transmutación estatutaria de la pluralidad de los individuos en partes subordinadas de un todo. Nos queda aclarar las razones por las que la regla de mayoría es preferible a todas las demás posibles, para lo cual debemos ocuparnos de las relaciones entre las partes.

4. La reiteración de decisiones

De lo anterior podemos extraer la siguiente conclusión: lo esencial de la obligación mayoritaria no se desprende de la regla de mayoría, sino de la pertenencia de los individuos a un cuerpo deliberante. Nos queda entender porqué, con la ayuda de esta regla y no de otra, puede alcanzarse una decisión e imponerse con pleno derecho. En primer lugar, veremos que se trata de una regla apropiada para una asamblea de iguales. A continuación, veremos que la formación racional de las opiniones mayoritarias es una condición de su autoridad. Cuando alguien se somete a las preferencias de una parte en nombre de un todo, esto supone que los miembros de esa parte, adaptando sus preferencias mediante una deliberación acerca de lo que es más conveniente, han hecho suyos los fines de ese mismo todo.

Una asamblea de iguales

La proporción mayoritaria atesora dos propiedades que destacan y que recomiendan su utilización para los casos en que dos opciones compiten mediante una votación: es más decisiva y más igualitaria que cualquier otra proporción. La primera propiedad es fácil de reconocer, puesto que sabemos que la utilización de una mayoría cualificada no siempre permite alcanzar una decisión; en los casos en que ninguna de las dos opciones logra la proporción exigida. La segunda propiedad, en cambio, no es tan evidente ya que durante mucho tiempo, la igualdad se ha asociado más con el voto que con la regla de mayoría. De manera que el voto es equitativo si cada uno de los participantes dispone de uno y solo uno. En este sentido, la regla de mayoría no es más equitativa que la unanimidad o que cualquier proporción de mayoría cualificada. Sobre esta base, para la filosofía política moderna, la regla de mayoría era preferible por defecto. Idealmente, al considerar que resolvería el problema de la obligación, la unanimidad fue rechazada por pragmatismo en beneficio de la regla de mayoría, *second best*, debido a su eficacia –siempre que haya un número impar de votantes, habrá una opción que sistemáticamente obtenga el 50% más uno de los votos–. Hubo que esperar hasta el siglo XX para descubrir que el principal defecto de la unanimidad no era su carácter improbable y que, en todos sus aspectos, la regla de mayoría era superior a ella. Hans Kelsen (2004 [1932]: 7-9) mostró que la regla de mayoría era la única regla verdaderamente equitativa, Bernard Manin (1985) que la unanimidad era inútil y Douglas Rae (1975) que esta era indeseable[28].

---

28 En un artículo anterior, Douglas Rae (1969) demostró matemáticamente el descubrimiento de Kelsen, según el cual la proporción mayoritaria maximiza el número de aquellos para quienes la voluntad colectiva se acuerda con su voluntad individual. No considero oportuno detener ahora mi reflexión para evocar la demostración de Rae según la cual la unanimidad no resuelve el problema de la obligación.

La primera lección que se puede extraer de estos avances en el conocimiento sobre la regla de mayoría es entonces, que la regla de mayoría es preferible por un cuerpo deliberante si, por un lado, desea poder tomar decisiones con comodidad y, por otro, si desea respetar una igualdad perfecta entre sus miembros.

La segunda lección se apoya en un punto común que comparten los tres descubrimientos que acabamos de evocar: los tres se derivan de una nueva forma de captar la naturaleza de la regla de mayoría. Todas las reflexiones clásicas anteriores, por ejemplo, de Pufendorf a Rousseau, consideran la justificación de la regla de decisión a partir de un esquema idéntico: un cuerpo político, enfrentado a un problema o impelido a emprender una acción, debe tomar una decisión. La pregunta que se plantea entonces es la siguiente: ¿qué regla permite a ese cuerpo tomar una decisión y preservar su legitimidad al mismo tiempo? La pregunta se mantiene vigente, aunque los tres autores citados anteriormente subordinan su respuesta a un escrupuloso examen de las diferentes facetas de la relación entre la voluntad individual y la voluntad colectiva. Algo que va asociado, al menos en los casos de Kelsen y Manin, a dos consideraciones indisociables y curiosamente ajenas a cualquier reflexión anterior conocida: 1) los individuos pueden cambiar de opinión y sus preferencias no son fijas, sino que se forman y pueden evolucionar; 2) considerando lo anterior, los individuos pueden desear expresar de nuevo su opinión.

Hans Kelsen imagina un individuo que ha votado con una mayoría cualificada –supongamos que con un umbral del 70 % más uno de los votos–. Se ha tomado una decisión pero este individuo ha cambiado de opinión, se ha dado cuenta que la opción minoritaria era preferible y, por lo tanto, desea que se decida de nuevo sobre el mismo tema. Pero su postura es ahora minoritaria. En una segunda votación, la probabilidad de que la voluntad colectiva apoye su nueva opinión será mayor si el umbral de la mayoría se aproxima al 50 % más uno de los votos[29]. Lo que nos muestra Kelsen, mediante este ejemplo, es que la regla de mayoría simple maximiza el número de aquellos cuya voluntad individual coincide con la voluntad colectiva pero, además apunta al hecho, más tarde demostrado por May (1952), de que solo esta regla concede a cada opción las mismas posibilidades de ser central.

La reflexión de Bernard Manin parte del hecho de que la voluntad de los participantes en una decisión colectiva no está consolidada con antelación y que sus preferencias pueden evolucionar. Siendo así, Manin considera que la legitimidad de la decisión no está sometida al ideal de unanimidad, para el cual la mayoría no sería más que un sucedáneo. La unanimidad solo es necesaria si se considera que la voluntad de los participantes ya está determinada, pero si tenemos en cuenta que la voluntad se forma, al menos parcialmente, durante la deliberación, entonces el principio de inclusión, necesario para la legitimidad de la decisión, puede basarse en la participación de todos en la deliberación. Bernard Manin subraya, además, que la deliberación otorga un estatus positivo a la minoría. Este respeto a la minoría no reposa exclusivamente en el hecho de

---

29 Consideremos que la primera decisión se adoptó con el umbral justo requerido, del 70% más uno. Si la regla aún prevalece, el individuo de nuestro ejemplo debe convencer al 40% de los participantes para que cambien de opinión como él —a lo que se sumará el 30% de las posiciones minoritarias de la primera votación—. Pero si, por el contrario, se adopta la regla de mayoría simple, únicamente deberá convencer al 20%.

haber sido escuchados sus argumentos, sino porque además, en el momento de aplicar la decisión de la mayoría, la minoría recuerda que otra posición podría haber prevalecido y podrá prevalecer en un futuro próximo. La perspectiva de reiterar de la decisión (expresar una nueva opinión) forma parte de la justificación del principio de mayoría.

Por tanto, considerar la naturaleza en ocasiones deseable de la reanudación de una decisión es determinante para descubrir la superioridad de la regla de mayoría en una asamblea de iguales. Aunque la reiteración de las decisiones es también una fuente de amenazas para la validez de la obligación de la mayoría.

Relación de fuerzas numérica u obligación de la mayoría

Volvamos ahora sobre cierto aspecto del episodio sobre juramento de lealtad y el análisis de Kantorowicz que habíamos tratado en el primer capítulo. Entre febrero de 1950 y noviembre de 1951, las decisiones relativas a la exigencia del juramento se adoptaron durante el desarrollo de siete reuniones sucesivas del consejo de Regentes, y solo en una de ellas, celebrada en abril de 1950, hubo una unanimidad prácticamente total. Con un resultado de veintiún votos frente a uno, el consejo aprobó una propuesta que atenuaba el alcance del juramento: los profesores que se negasen a firmar serían escuchados por un comité del senado académico. Excluyendo el resultado de esta votación, que manifiesta un compromiso temporal entre los partidarios del juramento y sus opositores, las votaciones en el resto de reuniones tuvieron por objeto una proposición que pretendía anular la decisión adoptada en la sesión anterior.

Por otra parte, a pesar de que las dos últimas reuniones se produjeron después de que el Tribunal de Apelación de California anulara la decisión de los despidos, en abril de 1951, y después de una modificación en la composición del consejo, favorable a la derogación del requisito del juramento, la última votación, en noviembre de 1951, fue la última tentativa del líder del grupo favorable al juramento de revocar la decisión de derogación del mes anterior. Si descartamos el voto casi unánime del 21 de abril de 1950, podemos observar una sucesión de mayorías a favor o en contra, tal y como se recoge en la siguiente tabla:

Resultados de las votaciones sobre el requisito del juramento y el despido de profesores que se oponen[30]

Fechas	Favorables al juramento	Contrarios al juramento	Miembros presentes en la votación
24/02/1950	**12**	6	18
31/03/1950	10	10	20
12/07/1950	9	**10**	19
25/08/1950	**12**	10	22
Cambio parcial en la composición del *Board*			
19/10/1951	8	**12**	20
--/11/1951	5	**12**	17

Cuando redactó su documento en octubre de 1950, Kantorowicz (1950: 2) identificó dos grupos estables en el consejo de Regentes, con 12 miembros a favor del juramento y 11 en contra, cuyos nombres enumeró. Los veintitrés miembros del consejo no se reunieron nunca al completo, y la tabla anterior muestra cómo la mayoría en cada sesión está determinada,

[30] En un anexo puede verse una breve cronología de la votaciones y de los acontecimientos más relevantes de este episodio.

en buena medida, en función de las presencias y las ausencias.

Aunque, cabe decir, estas situaciones no son en absoluto tan poco habituales[31]. Sobre todo, independientemente de su frecuencia, la eventual aparición de una situación de este tipo desvela una posible fragilidad del recurso a la regla de mayoría, que se debe a dos razones. En primer lugar, porque el resultado se vuelve contingente, dependiendo estrictamente de las presencias y de las ausencias. En segundo lugar, la decisión acaba convirtiéndose en el resultado de lo que podríamos llamar una «relación de fuerzas numérica». A pesar de que, a primera vista, la expresión pueda parecer meramente metafórica y sin sentido, sin embargo lo tiene. Para poder captarlo, es necesario recordar la idea, en ocasiones evocada y frecuentemente rechazada, acerca de la naturaleza de la regla de mayoría. Simmel hace de esta concepción, centrada en la evitación de la violencia, una suerte de mito del origen de la regla de mayoría antes de que se convirtiera en la expresión de un derecho. En su idea aparece el modo de tener en cuenta una relación de fuerzas objetiva descartando la violencia: «Ustedes son más numerosos, declararía la minoría a sus oponentes, luego resulta inútil pelear ya que podemos prever el resultado, les concedemos la ventaja de su superioridad numérica y física». La idea no se sostiene y ha sido rechazada en numerosas ocasiones, fundamentalmente por Kelsen y más recientemente por Waldron, debido a dos razones: un grupo más numeroso no es necesariamente más fuerte; por otra parte, y sobre todo, una relación de fuerzas no puede sustituir a un derecho. Además, la regla de mayoría debe producir una obligación, algo que una relación de fuerzas no sabría hacer. El problema

---

31 Lo he podido observar y analizar en un estudio anterior, en el funcionamiento del consejo de administración de un Fondo regional de arte contemporáneo, véase Urfalino y Vilkas (1995).

estriba en que el segundo argumento, aún siendo más fuerte, se vuelve fácilmente contra la regla de mayoría en aquellos casos en que la minoría de ayer espera ser mayoritaria hoy, para revertir sistemáticamente las decisiones anteriores. Veamos en detalle el argumento según el cual la fuerza no puede constituir el derecho, en su formulación más clara, la de Rousseau:

> Si la fuerza constituye el derecho, el efecto cambia con la causa; cualquier fuerza que supera a la primera la sucede en su derecho. (...) Si se ha de obedecer mediante la fuerza, no hay necesidad de obedecer por deber, y si no estamos forzados a obedecer, no estamos obligados a hacerlo. Vemos pues, que el término derecho no añade nada a la fuerza, ni tiene aquí ningún significado[32].

Si el hecho (el estado de la relación de fuerza física) y el derecho coinciden, el resultado es una reversibilidad del derecho sin límites, de manera que cualquier cambio de fuerza modifica el supuesto derecho. Será suficiente reemplazar «superioridad física» por «superioridad numérica» para decir que la regla de mayoría no produce más obligación que el tiempo necesario a las minorías para convertirse en mayorías. La existencia de una asamblea dividida en dos mitades obstinadas, cada una de ellas dispuesta a revocar las decisiones adoptadas por la otra en la primera oportunidad que se le presente, ¿acaba con la idea de una obligación mayoritaria? A primera vista es difícil pronunciarse. Se trata de una situación aparentemente banal, normal, pero que, al mismo tiempo, presenta un aspec-

---

32 Cap. III, «Del derecho del más fuerte».

to inquietante. La comparación con otro caso de revisión de decisiones nos permite captar su alcance con mayor precisión.

En ocasiones una primera decisión se somete a reconsideración porque parece que muchos participantes, entre los que formaban la mayoría, han cambiado de opinión. Entonces se convoca una segunda reunión, donde una nueva mayoría tiene la opción de modificar o revocar la opción adoptada con anterioridad. Algunos de los debates recogidos por Tucídides, que se produjeron en la asamblea de Atenas, se refieren a la revisión de las decisiones adoptadas en reuniones anteriores[33]. Podemos preguntarnos en cuál de los dos casos la revisión está más fundamentada. En ambos casos, los participantes pueden estar movidos por sus convicciones sobre lo que debe hacerse. La diferencia únicamente estriba en las causas de la revisión de la decisión: el cambio de la lista de participantes en la votación o el cambio en las opiniones de los mismos participantes. Si excluimos el supuesto poco probable de una inestabilidad indefinida de la opiniones, la revisión provocada por la evolución de las ideas promete una mayor estabilidad. Sobre todo, nos parece más legítimo porque va unido a un efecto de la reflexión, a un fenómeno de aprendizaje, mientras que la revisión ocasionada por la articulación de las presencias y de las ausencias parece meramente contingente.

Una vez más, nos encontramos frente a la relación entre la regla de mayoría y la deliberación, una relación que abordaremos a continuación.

---

33 El ejemplo más notable de este caso es el del debate sobre Mitilene. Después de que la asamblea ateniense decidiese condenar a muerte a todos los hombres adultos de Mitilene, se produjo un rápido arrepentimiento que motivó una nueva reunión de la asamblea donde se decidió un castigo menos severo.

La potencia racional de los contrarios

Hans Kelsen y Bernard Manin asocian íntimamente la justificación normativa de la regla de mayoría a una consideración epistémica. Kelsen pone el acento en el vínculo entre la aceptación de la regla de mayoría y una cierta filosofía del conocimiento, que se opone a una filosofía «absolutista»: quien crea tener algún acceso privilegiado a verdades o valores no puede someterse a la mayoría. La aceptación de la regla de mayoría implica una concepción «falibilista» del conocimiento práctico[34]:

> Aquellos que solo se basan en verdades terrenales, para quienes únicamente la mente humana asigna los fines sociales, difícilmente pueden justificar el uso inevitable de la coacción para su realización, más que mediante el consentimiento de, al menos, la mayoría de los individuos para los que el orden social debe asegurar la felicidad. Y es necesario que ese orden coactivo esté organizado de tal manera que también la minoría, puesto que *no está completamente equivocada ni sin derechos, pueda* en todo momento convertirse en una mayoría (Kelsen, 2004 [1932]: 114).

---

34 Kelsen habla de «filosofía relativista», lo que se aleja del contexto contemporáneo del debate sobre el relativismo. En *Foundations of Democracy* encontramos la justificación de porqué su posición no puede confundirse con el relativismo moral (Kelsen, 1955, nota 70, pp. 97-98). Considero que los argumentos de Kelsen están más próximos al falibilismo de John Stuart Mill, en particular, de sus argumentos en defensa de las opiniones minoritarias, si bien no lo cita.

La reiteración de decisiones

La articulación entre justificación normativa y filosofía falibilista del conocimiento surge en el momento en que la obligación de la mayoría está condicionada en una posibilidad, en una opción que permanece abierta: es necesario que la minoría «pueda» convertirse en mayoría. ¿Qué significa exactamente esta posibilidad? Los dos tipos de respuesta a esta pregunta se corresponden con dos tipos de justificación diferente de la regla de mayoría. Se puede considerar que esta posibilidad se materialice mediante rotación. Un individuo de la minoría debe poder esperar formar parte en algún momento de la mayoría. Ese parece ser el sentido de la reflexión de Kelsen. En tal caso, estamos ante una justificación del reparto temporal de un bien, que se define por la coincidencia de la voluntad individual con la voluntad colectiva[35].

Aunque también se puede considerar que esta posibilidad no conduzca a una rotación previsible y empíricamente constatable, sino a una posibilidad vinculada con el ejercicio mismo del razonamiento por parte de los votantes. A condición de que el sentido de su voto provenga de un razonamiento práctico y no se corresponda con una preferencia ya fijada e inmóvil, de modo que podría haber sido otro. Al hacerlo así, la opción minoritaria podría haber sido mayoritaria. Esta «posibilidad» es un ejemplo, por tanto, de lo que Aristóteles llamó una «potencia racional de los contrarios». Esta potencia de los contrarios hace referencia al hecho de que un agente que moviliza la razón para determinar su acción es capaz de elegir entre cualquiera de dos opciones opuestas[36]. Según esta

---

[35] Esta es la conclusión que extrae, acertadamente a mi juicio, Adam Przeworski (2009, 2010) de su lectura de Kelsen.
[36] Aristóteles (Metafísica). He optado por una interpretación un tanto libre del texto original.

orientación, la naturaleza de la formación de preferencias de los participantes en una decisión suspende la legitimidad de la regla de mayoría. *La opinión mayoritaria puede legítimamente prevalecer debido a que las preferencias que revelan los votos son el resultado de un razonamiento sobre lo que se debe hacer y, por lo tanto, también porque las preferencias podrían haber sido otras.* De hecho, para que los participantes acepten que la opinión mayoritaria puede convertirse en la decisión del cuerpo deliberante, deben cumplirse dos condiciones estrechamente relacionadas:

- los participantes deben poder pensar que la parte que valdrá por el todo se ha hecho realmente cargo de ese todo durante el proceso de determinación de su voluntad, de modo que su razonamiento práctico se ha apoyado en la premisa de una interpretación aceptable de los fines de los cuerpos deliberantes;

- al hacerlo así, y ya que han sido uno o varios razonamientos los que han desembocado en una misma conclusión mayoritaria, esta conclusión podría haber sido otra y la minoría hubiera podido ser mayoritaria.

Si, en caso contrario, resulta que una parte importante de las opiniones mayoritarias no son realmente el resultado de un razonamiento práctico, sino que son preferencias estables que están firmemente fijadas debido a alguna particularidad de los votantes, entonces es posible que esas preferencias no tengan en cuenta los bienes o los fines comunes del cuerpo deliberante[37], y entonces la minoría puede pensar que no tiene ninguna posibilidad de convertirse en mayoría y que

---

[37] Lo cual no implica que los votantes se desentiendan de sus fines o de sus intereses personales, como lo ha mostrado claramente Mansbridge (2006).

por lo tanto la situación merece una caracterización distinta. Si el reto que plantea la votación se reduce al hecho de que cada cual vea sus preferencias satisfechas, entonces la minoría tendrá razones para reclamar un procedimiento que distribuya ese bien de forma equitativa. En ese caso, la obligación mayoritaria y la integridad del cuerpo deliberante estarán comprometidas.

La deliberación de los individuos es, por lo tanto, la que proporciona a la mayoría un valor que excede al de la mera superioridad numérica.

Alcanzamos así, aunque por otra vía, la tesis de Bernard Manin que asocia más estrechamente que Kelsen la validez de la obligación mayoritaria a una dimensión racional. Se puede encontrar en su importante contribución a la reflexión sobre la regla de mayoría, donde esta aparece vinculada con la deliberación[38]. Es importante destacar que el mérito fundamental del enfoque de Manin es su preocupación por la articulación entre deliberación y decisión. Para ello, considera un fenómeno que distingue la decisión colectiva de ciertas elecciones colectivas. Tanto cuando se trata de determinar una acción que emprender como de designar a un candidato para un puesto de responsabilidad –o bien para un puesto en el que el representante electo deberá promover acciones– la decisión colectiva implica movilizar razones y exige un razonamiento sobre lo que será bueno para la entidad colectiva y sus fines. En ese sentido, la decisión no puede disociarse de la

---

38 Su artículo ya citado de 1985, sobre todo gracias a su publicación en inglés en 1987, se ha convertido en una referencia para la literatura sobre la democracia deliberativa, a la que se adelantó unos cuantos años. Esa anticipación difuminó el hecho de que Manin no disociaba deliberación y decisión mayoritaria –al contario que en la literatura sobre democracia deliberativa que, al menos en su comienzos, privilegiaba el consenso–.

deliberación, entendida como un razonamiento práctico. Por otra parte, puesto que la decisión implica un razonamiento práctico, su repetición tiene sentido ya que puede que se haya deliberado mal[39].

En la justificación de la regla de mayoría, Bernard Manin distingue un principio de decisión y un principio de legitimidad. La ventaja que proporciona la regla de mayoría es que permite seleccionar una opción de manera sistemática y sin ambigüedades, y por tanto decidir, lo que es necesario para proteger la unidad social. A continuación, la legitimidad del resultado dependerá de la deliberación. Si todo el mundo ha podido deliberar, la decisión mayoritaria será legítima. El peso del argumento de Manin radica, fundamentalmente, en la dimensión inclusiva de la deliberación, donde asoma el rechazo al ideal unanimista. Me parece posible, como complemento a la tesis de Manin, reforzar el carácter legitimador de la deliberación insistiendo en su aspecto racional.

---

39 Sobre la cuestión de la repetición, las diferencias aquí con el sorteo son claras. El recurso al sorteo es legítimo cuando se considera que no existen razones que deban influir en la selección entre varias opciones. Por tanto, salvo que se constate una mala aplicación del procedimiento o que se hayan hecho trampas, la repetición de un sorteo no tiene sentido.

Conclusión

Las condiciones de la obligación mayoritaria para las decisiones de una asamblea de iguales son tres. Es necesario que dicha asamblea no sea una mera colección de individuos, sino un cuerpo deliberante, una entidad colectiva. A continuación, es necesario que la participación en la decisión no comprometa la pertenencia de sus miembros a esa entidad colectiva. Por último, la agregación de preferencias no es suficiente para generar una mayoría legítima, siendo necesario que dichas preferencias se deriven de una deliberación y que, como resultado de lo cual, se pueda pensar que hubiesen podido ser otras distintas. Si las preferencias son inamovibles o no son el resultado de una deliberación sobre las cuestiones encomendadas al cuerpo deliberante, la decisión colectiva se parecerá más a un reparto equitativo y la regla de mayoría no será pertinente.

En las innumerables ocasiones que se toman decisiones por mayoría, obviamente no puede decirse que siempre se cumplan estas condiciones. En algunas ocasiones es la costumbre, en otras el beneficio propio y la anticipación de una posible victoria futura lo que determinan su utilización. También es posible que los imperativos de eficacia e igualdad, unidos a la idea de que al menos la mitad más uno de los participantes estarán satisfechos, sean suficientes para garantizar su aceptación. Pero si una nueva institución reflexiona sobre los procedimientos de decisión que podría adoptar o si un grupo discute los instrumentos vigentes, estos son, a mi parecer, los argumentos sobre las condiciones de la obligación mayoritaria que podrían movilizarse, en alguno de dichos contextos, para justificar adecuadamente el uso o el rechazo de la regla de mayoría.

Anexo

Resultados de las votaciones del consejo de Regentes de la Universidad de California:

- 24 de febrero de 1950: por 12 votos contra 6, aprobación de la propuesta del Regente Neylan: si el juramento no está firmado el 30 de junio, los profesores opuestos a la medida serán despedidos («sign or get out policy»).

- 31 de marzo de 1950: la propuesta de anular la decisión adoptada el 24 de febrero culmina con una votación nula, 10 votos contra 10.

- 21 de abril de 1950: por 21 votos contra 1, aprobación de una propuesta que mitigaba el alcance del juramento: los profesores que se negaban a firmar serían escuchados por un comité del Senado académico.

- 21 de julio de 1950: por 10 votos contra 9, aprobación de una propuesta del Presidente Sproul para no despedir a los 39 profesores que mantenían su oposición al requisito del juramento.

- 25 de agosto de 1950: por 12 votos contra 10, se anula la decisión aprobada en el mes de julio: los profesores que se oponen deben ser despedidos. Como resultado de esta nueva decisión, 8 profesores aceptan firmar y los 31 restantes son despedidos.

- 31 de agosto de 1950: los profesores despedidos presentan una denuncia.

- 6 de abril de 1951: el Tribunal de Apelación falla en contra del consejo de Regentes en este caso.

- 19 de octubre de 1951: el consejo de Regentes, con una nueva composición, decide derogar el requisito de exigencia del juramento, por 12 votos contra 8.

- Noviembre de 1951: en el interior del consejo, Neylan, líder del grupo favorable al juramento, logra revertir la decisión del 19 octubre con 5 votos contra 12.

- 17 de octubre de 1952: el Tribunal Supremo de California confirma el fallo del Tribunal de Apelación.

Referencias bibliográficas

Ackermann, Bruce (1981), *Social Justice in the Liberal State*, New Haven, Yale University Press.

Anscombe, Elizabeth (1976), «On the Frustration of the Majority by Fulfilment of the Majority's Will», *Analysis*, vol. 36, nº 4, pp. 161-168.

Arendt, Hannah (1963), *On Revolution*, New York, Penguin Books.

Aristóteles, *Metafísica*.

Bentham, Jeremy (1999) [1791], *Political Tactics*, Oxford, Clarendon Press.

Boureau, Alain (1990), *Histoires d'un historien, Kantorowicz*, París, Gallimard.

Boureau, Alain (1999), «Les moines anglais et la construction du politique (début du 13e siècle)», *Annales H.S.S.*, 3, pp. 637-666.

Brams, S.; Taylor, A. (1996), *Fair division: From Cake-Cutting to Dispute Resolution*, Cambridge, Cambridge University Press.

Brams, S.; Fishburn, P. (2005), «Going from Theory to Practice: the Mixed Success of Approval Voting», *Social Choice and Welfare*, Vol. 25, n°2-3, pp. 457-474.

Christin, Olivier (2014), *Vox Populi. Une histoire du vote avant le suffrage universel*, París, Seuil.

Dahl, Robert (1956), *A Preface to Democratic Theory*, Chicago, University of Chicago Press.

Dahl, Robert (1979), «Procedural Democracy» in Peter Laslett y James Fishkin (eds.), *Philosophy, Politics and Society*, Oxford, Blackwell, pp. 97–133.

Dahl, Robert (1989), *Democracy and Its Critics*, New Haven, Yale University Press.

Daubresse, Sylvie (2005), *Le Parlement de Paris ou la voix de la raison (1559-1589)*, Ginebra, Droz.

Descombes, Vincent (1996), *Les institutions du sens*, París, Éditions de Minuit.

Descombes, Vincent (2013), *Les embarras de l'identité*, París, Gallimard.

Favre, Pierre (1976), *La décision majoritaire*, París, Presses de la FNSP.

Gaudemet, Jean (1979), *Les élections dans l'Église latine. Des origines au 16ᵉ siècle*, París, Éditions Fernand Lanore.

Geach, Peter (1962), *Reference and Generality. An Examination of Some Medieval and Modern Theories*, Ithaca, Cornell University Press.

Guinier, Lani (1994), *Tyranny of Majority: Fundamental Fairness in Representative Democracy*, Nueva York, Free Press.

Houllemare, Marie (2011), *Politiques de la parole: Le parlement de Paris au 16ᵉ siècle*, Ginebra, Droz.

Kantorowicz, Ernst H. (1950), *The Fundamental Issue. Documents and Marginal Notes on the University of California Loyalty Oath*.

Kantorowicz, Ernst H (2000), *Œuvres*, París, Quarto-Gallimard.

Kelsen, Hans (2004) [1932], *La démocratie. Sa nature – Sa valeur*, París, Dalloz.

Kelsen, Hans (1955), «Foundations of Democracy», *Ethics*, vol. 66, n°1, Part 2, pp. 1-101.

Landowski, Eric (1977), «Le débat parlementaire et l'écriture de la loi», *Revue française de science politique*, vol. 27, n° 3, pp. 428-441.

Le Boindre, Jean (1997), *Débats du Parlement de Paris pendant la minorité de Louis XIV*, vol 1, París, Honoré Champion.

Locke, John (2000) [1690], *Segundo tratado sobre el Gobierno Civil. Un ensayo acerca del verdadero origen, alcance y fin del Gobierno Civil*, (traducción, prólogo y notas de Carlos Mellizo), Madrid, Alianza Editorial.

Manin, Bernard (1985), «Volonté générale ou délibération? Esquisse d'une théorie de la délibération politique», *Le Débat*, n° 33, pp. 72-93.

Mansbridge, Jane (2006), «Deliberation and Self-Interest», en Samantha Besson y José Luis Martí (dir.), *Deliberative Democracy and its Discontents*, Londres, Ashgate, pp. 107-132.

Mansbridge, Jane (1999), «Should Blacks Represent Blacks and Women Represent Women? A Contingent 'Yes'», *The Journal of Politics*, vol. 61, n° 3, pp. 628-657.

May, Kenneth O. (1952), «A Set of Independant Necessary and Sufficient Conditions For Simple Majority Decision», *Econometrica*, vol. 20, n° 4, pp. 680-684.

Mineur, Didier (2017), *Le pouvoir de la majorité. Fondements et limites*, París, Classiques Garnier.

Montesquieu, *De l'Esprit des lois*, II, 1.

Moessinger, Pierre (1998), *Décisions et procédures de l'accord*, París, PUF.

Novak, Stéphanie (2014), «Deciding by Majority: Existing Explanations and Pending Issues», Max Weber Working Paper, Florencia, European University Institute.

Novak, S.; Elster, J. (2014), *Majority Decisions*, Cambridge, Cambridge University Press.

Perelman, C.; Olbrechts-Tyteca, L. (1992), *Traité de l'argumentation*, Bruselas, Éditions de l'Université de Bruxelles.

Plinio el Joven, *Epistolario*, Libro II, Ep. XII.

Przeworski, Adam (1999), «Minimalist Conception of Democracy: A Defense», in Ian Shapiro, Casiano Hacker-Cordon, *Democracy's value*, Cambridge University Press.

Przeworski, Adam (2009), «Self-Government in Our Times», *Annual Review of Political Science*, vol. 12, pp. 71-92.

Przeworski, Adam (2010), *Democracy and the Limits of Self-Goverment*, Cambridge, Cambridge University Press.

Rae, Douglas (1969), «Decision-Rules and Individual Values in Constitutional Choice», *American Political Science Review*, vol. 63, nº 1, pp. 40-56.

Rae, Douglas (1975), «The Limits of Consensual Decision», *American Political Science Review*, vol. 69, nº 4, pp. 1270-1294.

Rawls, John (1973), *A Theory of Justice*, Oxford, Oxford University Press.

Risse, Mathias (2004), «Arguing for Majority Rule», *The Journal of Political Philosophy*, vol. 2, nº 1, pp. 41-64.

Rosanvallon, Pierre (2008), *La légitimité démocratique*, París, Seuil.

Rousseau, J.J. [1762], *Du contrat social*, Livre I.

Saunders, Ben (2010), «Democracy, Political Equality, and Majority Rule», *Ethics*, vol. 121, octubre, pp. 148-177.

Schwartzberg, Melissa (2013), *Counting the Many: The Origins and Limits of Supermajority Rule*, Cambridge, Cambridge University Press.

Simmel, Georg (1986) [1908], *Sociología 1. Estudios sobre las formas de socialización*, Madrid, Alianza Editorial.

Tucídides, *Historia de la guerra del Peloponeso*, Madrid, Alianza Editorial.

Urfalino, P.; Vilkas, C. (1995), *La délégation du jugement esthétique. Les Fonds régionaux d'art contemporain*, París, L'Harmattan, Coll. Logiques politiques.

Urfalino, Philippe (2013), *Cerrar la deliberación. Teoría de la decisión colectiva*, Buenos Aires, Prometeo Libros.

Urfalino, Philippe (2017), «Social Ontology of Deliberating Bodies», *The Journal of Political Philosophy*, Vol. 25, n°5, pp. 387-410.

Waldron, Jeremy (1999a), *Law and Disagreement*, Oxford, Clarendon Press.

Waldron, Jeremy (1999b), *The Dignity of Legislation*, Cambridge, Cambridge University Press.

www.ingramcontent.com/pod-product-compliance
Lightning Source LLC
Chambersburg PA
CBHW051700040426
42446CB00009B/1227